Núcleo de Catequese Paulinas (Nucap)

Catequese e liturgia
na Iniciação à Vida Cristã

Dados Internacionais de Catalogação na Publicação (CIP)
Angélica Ilacqua CRB-8/7057

Catequese e liturgia na Iniciação à vida cristã / Núcleo de Catequese Paulinas – São Paulo : Paulinas, 2021.
160 p. (Pastoral litúrgica)

ISBN 978-65-5808-086-2

1. Catequese 2. Evangelização 3. Vida cristã 4. Liturgia 5. Sacramentos I. Núcleo de Catequese Paulinas

21-2338   CDD 268.82

Índice para catálogo sistemático:
1. Catequese   268.82

1ª edição – 2021
1ª reimpressão – 2023

Direção-geral: *Flávia Reginatto*
Editores responsáveis: *Vera Ivanise Bombonatto e Antonio Francisco Lelo*
Copidesque: *Mônica Elaine G. S. da Costa*
Coordenação de revisão: *Marina Mendonça*
Revisão: *Sandra Sinzato*
Gerente de produção: *Felício Calegaro Neto*
Capa e diagramação: *Tiago Filu*

Nenhuma parte desta obra poderá ser reproduzida ou transmitida por qualquer forma e/ou quaisquer meios (eletrônico ou mecânico, incluindo fotocópia e gravação) ou arquivada em qualquer sistema ou banco de dados sem permissão escrita da Editora. Direitos reservados.

Paulinas
Rua Dona Inácia Uchoa, 62
04110-020 – São Paulo – SP (Brasil)
Tel.: (11) 2125-3500
http://www.paulinas.com.br – editora@paulinas.com.br
Telemarketing e SAC: 0800-7010081
© Pia Sociedade Filhas de São Paulo – São Paulo, 2021

Catequese e liturgia
na Iniciação à Vida Cristã

Sumário

Introdução 7
1. Anunciar, celebrar e viver a fé 9
2. Celebrar com fé 19
3. Tempo salvífico 29
4. Unidade dos dois Testamentos 39
5. Memorial pascal 45
6. Configuração pascal 57
7. Penitência 63
8. Participação litúrgica 67
9. Assembleia litúrgica 73
10. Celebração eucarística 79
11. Finalidade da Eucaristia 85
12. A presença de Cristo 87
13. Preparar a celebração 91
14. Vivências litúrgicas 93
15. Lava-pés 101
16. Água 103
17. Óleo/crismação 109
18. Luz 113
19. Partir o pão 119
20. Dar graças 123
21. Dar e pedir perdão 125
22. Ano Litúrgico 131
23. Domingo 141
24. Mistagogia do espaço litúrgico 145
25. Salmos na catequese 149
    Conclusão 155
    Referências bibliográficas 157

Introdução

Quando chegamos à casa de Deus, um turbilhão de sentimentos, de desejos e de expectativas nos invade; abre-se outro mundo de símbolos e de ritos. Queremos entrar nesse universo sagrado conversando familiar, carinhosa e filialmente com o Pai, sem nos sentirmos estranhos ou tomados de temor. O Deus de Jesus Cristo toma conta de nós, reorganiza nosso ser e nos proporciona paz, consolo e esperança.

Porém, aparecem os desafios: como o catequista poderá ajudar o catequizando a encontrar-se com Deus por meio da celebração litúrgica? De que modo os ritos deixarão de ser coisas codificadas para se tornar símbolos comunicadores da graça da Trindade? Como o catequizando percebe que a mesma Palavra anunciada durante o encontro se torna sinal sensível na celebração, a qual ele pode tocar, comer, ver, abraçar, ir ao encontro...?

Desejo que você ajude os catequizandos a percorrer os caminhos da fé celebrada, para alcançarem o mistério da morte e ressurreição do Filho em comunhão com o Pai e o Espírito Santo.

A beleza deste estudo está em sua aplicabilidade, porque a liturgia faz parte de nossa maneira de crer e de viver. Ela modela nossas atitudes e opções e é a maneira mais frequente de estarmos em contato com a Palavra de Deus. Mais do que somente se preocupar em *como* celebrar deste ou daquele jeito, busque saber: que mistério comemora estas orações e estes símbolos? Como faço parte deste acontecimento de salvação? Como ele modifica minha vida?

Inicialmente, tratamos do método da Iniciação à Vida Cristã (IVC) e das atitudes necessárias para nos aproximarmos da celebração.

Em seguida, veremos os quatro tempos da revelação de Deus em nossa história, a unidade da história da salvação e o memorial pascal. Nossa configuração na Páscoa por meio dos três primeiros sacramentos que nos tornam participantes do sacerdócio de Cristo. A liturgia é o exercício desse sacerdócio do qual participamos com a oferenda de nossa vida.

Depois somos conduzidos à assembleia litúrgica como povo de Deus reunido para ouvir a Palavra e partilhar o pão eucarístico. Essa ação nos revela a presença do Ressuscitado entre nós.

Dedicamos alguns capítulos para apresentar o roteiro das vivências litúrgicas e refletir sobre os sinais da água, da luz, do óleo e os gestos do lava-pés, da ação de graças, do pedido de perdão e da partilha do pão. A vivência litúrgica destes sinais e gestos, naturalmente, integrará o itinerário catequético da IVC e ampliará o significado do Batismo, da Confirmação e da celebração eucarística.

Por último, abordaremos, de forma mais breve, o Ano Litúrgico e suas implicações na catequese.

Este livro supõe que o catequista conheça basicamente as etapas da história de Israel – criação, Abraão, Moisés; vida, missão e destino de Jesus –, participe com alguma regularidade das celebrações dominicais da comunidade e já tenha vivenciado os ciclos do Natal e da Páscoa. Empregamos amplamente as noções de pecado, graça e aliança.

O presente livro, também, retoma partes de dois trabalhos anteriores do Nucap: *Iniciação à liturgia*, 2012, e *Mistagogia: do visível ao invisível*, 2013. O diferencial deste trabalho é a integração das categorias próprias da liturgia ao que julgo ser mais necessário e útil no caminho da IVC, além de prezar pela objetividade dos conteúdos; por isso, requer um estudo paciente, atento e continuado do catequista ou, melhor ainda, do grupo de catequistas.[1] Para o estudo valer a pena, será preciso percorrer capítulo por capítulo, porque os temas se completam e pouco adiantará estudar aleatoriamente um ou outro capítulo, se o catequista permanecer com uma visão fragmentada da liturgia.

---

[1] As celebrações próprias do itinerário da Iniciação à Vida Cristã não foram contempladas, visto que o Nucap já publicou um ritual adaptado para adultos, jovens e crianças, com suas introduções e orientações.

Anunciar, celebrar e viver a fé

A catequese está a serviço da evangelização e se guia pela inspiração catecumenal concebida como "uma dinâmica, uma pedagogia, uma mística, que nos convida a entrar sempre mais no mistério do amor de Deus".[1] A inspiração catecumenal propõe o encontro com o Senhor, o seguimento de Jesus Servo e a configuração sacramental no mistério pascal como ápice da iniciação cristã. Por isso, em primeiro lugar, o catequista ajudará o catequizando a descobrir a pessoa, a missão e o destino de Jesus.

Naturalmente, esse conhecimento ultrapassa o mero saber dado a seu respeito. Há que conviver com Jesus para assimilar seu modo de agir, quem ele considera bem-aventurado, que destino nos aponta. A imagem mais forte é a do caminho a ser percorrido, tal como o de Emaús. "A Iniciação à Vida Cristã é a participação humana no diálogo da salvação. Somos chamados a ter uma relação filial com Deus. Com ela, o iniciando começa a caminhada para Deus que irrompe em sua vida, dialoga e caminha com ele."[2]

O caminho será o lugar da experiência de Deus, da acolhida do mistério de Deus, que inaugura uma realidade nova. Pôr-se a caminho com o Mestre evoca persistência e fé de que se vai chegar ao lugar prometido; pouco a pouco, a distância vai diminuindo, porém o esforço de perseverar é duramente posto à prova. O importante é não permanecer à beira do caminho, mas tomar a estrada com ele.

Jesus transformou a condição humana e deu início à realidade plena que esperamos pela fé. Ele nos chama e caminha conosco. Por isso, "nesse itinerário de acolhida do mistério de Deus, a pessoa precisa *ser iniciada* por meio de *experiências* que a toquem profundamente e a impulsionem à sua conversão".[3]

---

[1] CNBB. *Iniciação à vida cristã*: itinerário para formar discípulos missionários. Brasília: Edições CNBB, 2017. (Documentos da CNBB, n. 107, n. 56).
[2] Ibid., n. 96.
[3] Ibid., n. 79.

Ao longo do caminho, três dimensões interagem estreitamente para proporcionar a experiência do mistério de fé na vida do catequizando. O mistério de fé anunciado pela *catequese* é celebrado pela liturgia, sem diferença. Tanto o anúncio como a *celebração* têm a finalidade de levar a pessoa a *viver o mistério de fé*. Oramos como cremos, porque devemos viver como cremos e rezamos na liturgia.

"Para entrar nesse mistério não há outro caminho senão o encontro pessoal com Jesus", que é feito a partir do primeiro anúncio da pessoa, missão e destino de Jesus.[4] E, também, "encontramos Jesus Cristo, de modo admirável, na Sagrada Liturgia. Ao vivê-la, celebrando o mistério pascal, os discípulos de Cristo penetram mais nos mistérios do Reino e expressam de modo sacramental sua vocação de discípulos e missionários".[5]

O catequista está acostumado a refletir a Palavra de Deus e aplicar diretamente seus ensinamentos na vida. De agora em diante, ficará mais atento, porque a Palavra, uma vez anunciada, se torna realidade de salvação, ao ser ritualmente celebrada. É sempre o mesmo movimento da Palavra refletida na catequese que na celebração litúrgica recebe algum gesto ou sinal. *O sacramento é a Palavra visível, resultante da união da Palavra com o elemento.*

Antes de toda celebração sacramental, a Igreja inclui a proclamação da Palavra. Aquilo que a Palavra profetiza como promessa de graça, o sacramento realiza por meio de um sinal: ao ungir o crismando na fronte em forma de cruz, o bispo diz: "N., recebe por este sinal o Espírito Santo, Dom de Deus". A graça que o sacramento proporciona é fruto da promessa proclamada anteriormente na Palavra. É importante ajudar o catequizando a perceber o mesmo registro da leitura bíblica, agora, em uma linguagem ritual simbólica, que proporciona o diálogo com o Deus Trino.

Neste mesmo número 74, o Documento n. 107 da CNBB sobre a Iniciação à Vida Cristã propõe decididamente a estreita união entre catequese e liturgia como caminho vital de acesso a Deus. O modo concreto de os candidatos falarem diretamente com o Mestre será por meio da liturgia.

---

[4] Ibid., n. 87.
[5] Ibid., n. 250.

A unidade dessas três dimensões aponta um estilo de catequese que inicia o candidato na vida cristã e na comunidade de fé de forma progressiva.

Iniciação/mistagogia

O Documento n. 107 especifica que a catequese acontece em estreita união com as celebrações litúrgicas, porque o objetivo é envolver os sentidos, a ação da graça, e promover uma real experiência de encontro pessoal com o Senhor – uma verdadeira iniciação. "Nesse sentido, 'iniciar' é um processo muito mais profundo e existencial do que 'ensinar'."[6] O termo "iniciar" comporta um sentido experiencial, porque, "mais do que um conhecimento intelectual, é uma experiência de vida"[7] que deve levar a uma transformação, a uma mudança profunda no modo de ser da pessoa no mundo, que atinja seus valores e suas escolhas.

A iniciação produz uma passagem de um estado ao outro, de um estágio de vida a outro, de um modo de vida a um novo. Está na origem de uma série de mudanças que permitem a pessoa ser introduzida na comunidade humana, em um mundo de valores, com vistas a uma existência mais perfeita ou a uma missão. Comporta três estágios de maturação: um antes, um durante e um depois.

A iniciação cristã tem como objetivo: ajudar a pessoa a tornar-se cristã, participante consciente do mistério pascal e da comunidade eclesial; viver a dinâmica da união com Cristo, buscando assemelhar-se a ele, e levar a uma experiência de fé ligada com a vida, em um processo contínuo de conversão.

O caráter de iniciação engloba o sentido de mudança gradual, de transformação da mente, do coração e dos costumes; assim, podemos notar o amadurecimento da fé que vai acontecendo durante a catequese, e também as atitudes e sentimentos cristãos que brotam da conversão.

A fé que nasce da escuta da Palavra se converte progressivamente em aceitação da mensagem, abertura à salvação, iluminação gradual da consciência sobre o sentido e o estado da própria vida. O caminho para responder à fé não é simplesmente um esforço intelectual, mas sim uma

---

[6] Ibid., n. 122.
[7] Ibid., n. 86; cf. ibid., n. 83.

experiência de vida que exige do candidato um dinamismo de mudança, desapego, luta, libertação, e também a prática de caridade e de testemunho apostólico.

No processo de IVC com inspiração catecumenal, a catequese integral, apoiada nas celebrações catecumenais, confere a graça do Espírito que permite desde o tempo do catecumenato a participação do candidato no mistério pascal, até culminar na celebração dos sacramentos. Ao descobrir novos valores dados pelo anúncio da fé e pelas celebrações que acontecem durante o caminho, a pessoa é capaz de incorporá-los, fazê-los seus, a ponto de *ressignificar* sua vida, mudar seu modo de ser e de existir no mundo. Assim, o candidato vai protagonizando o trânsito do velho ao novo ser humano, e tal progresso antecipa a conformação com Cristo, que ocorrerá sacramentalmente no Batismo.

O próprio adjetivo "progressivo" indica que a iniciação acontece aos poucos, ao longo do itinerário. As três celebrações de passagem, bem como os ritos de bênçãos, exorcismos, entregas, unção e escrutínios, se direcionam progressivamente para a conformação pascal plena na celebração dos sacramentos. A celebração desses ritos indica que a iniciação sacramental acontece progressivamente, em interação com as catequeses e a conversão do catequizando. De tal modo que, na vigília pascal, restarão apenas os gestos essenciais dos sacramentos: a profissão de fé e o banho batismal, a crismação e a Primeira Eucaristia.

Mais que ver uma multiplicidade de ritos, devemos ter presente o processo unitário no qual essa dinâmica vai moldando a personalidade do catequizando, que se vê sempre mais configurado ao mistério de Cristo na Igreja. A maturidade torna-se, então, uma resultante do encontro da graça das celebrações e das catequeses com a correspondente adesão do candidato. A convivência comunitária exercerá sua influência, marcará seu crescimento e estimulará o testemunho das boas obras.

> A Vida Cristã é um novo projeto de vida... [que] requer um processo de passos de aproximação, mediante os quais a pessoa aprende e se deixa envolver pelo mistério amoroso do Pai, pelo Filho, no Santo Espírito. [...] O processo catecumenal cria progressiva revisão das atitudes, escolhas e comportamentos, convocando a uma efetiva conversão da própria vida.[8]

---

[8] Ibid., nn. 5 e 134.

Por meio da participação na celebração, o catequizando entra em contato direto com a graça comunicada, tem acesso ao mistério pela razão e pelos sentidos que envolvem a celebração. Esses elementos o levam a integrar o plano da salvação em sua história pessoal.

> Por *mistério cristão* ou *sacramento* entende-se o plano divino da salvação que Deus realiza na história da humanidade. O termo "mistério", no Novo Testamento, não indica em primeiro lugar um segredo intelectual, mas a ação salvadora de Deus na história. Antes de ser uma verdade ou uma doutrina, o "mistério" é um acontecimento realizado na história e oferecido como salvação a todos os seres humanos.[9]

Na Carta aos Efésios, encontramos um resumo do plano de salvação em forma de hino, narrando as seguintes realidades: Deus Pai, conforme seu desígnio benevolente, nos fez conhecer o mistério de sua vontade, pois, na plenitude dos tempos, nos enviou e nos abençoou em Cristo, nos predestinando à adoção como filhos. Obtivemos, dessa forma, o perdão de nossos pecados e, conforme sua graça gloriosa, o Espírito Santo que o Filho derramou profusamente sobre nós como garantia de nossa herança. E, assim, o Pai reencabeçou (recapitulou) todo o mundo criado em Cristo. Nele, somos herdeiros predestinados da salvação (cf. Ef 1,3-14).

"Sentir-se mergulhado no mistério fazia parte da iniciação."[10] De fato, a iniciação tem o caráter revelador de Deus em nossa história. É a salvação colocada ao nosso alcance como acontecimento atual ao qual temos pleno acesso pela fé. Seguindo essa perspectiva, alcançamos o "mistério de Deus [que] chega à sua plenitude em Jesus de Nazaré e é anunciado na comunidade dos discípulos, até a sua vinda gloriosa".[11]

Toda catequese é considerada mistagógica, na medida em que introduz/inicia o catequizando no mistério revelado em Cristo para realizar a profunda experiência do conhecimento pessoal e íntimo dele. Dessa forma, os termos "mistagogia" e "iniciação" cumprem a mesma função. A mistagogia é o exercício de perceber a comunicação da graça de Deus nos *símbolos celebrados* na liturgia, como uma progressiva introdução no mistério pascal de Cristo, vivido na experiência comunitária.

---

[9] Ibid., n. 83.
[10] Ibid., n. 84.
[11] Ibid., n. 83.

A palavra "mistagogia" vem do grego *mist*, que indica "mistério", "o oculto", e *agagein*, que quer dizer "conduzir, guiar". Refere-se a tudo o que ajuda a conduzir ao mistério (grego: *myo*, "fechar, ocultar"). Portanto, mistagogia significa "ser introduzido no mistério", ou seja, no plano salvífico de Deus de salvar o mundo em Cristo (cf. Ef 1,3-13). Os recém-batizados foram introduzidos no mistério de Cristo pelos três sacramentos.

A ação sacramental produz uma participação não simplesmente externa, como também no interior do mistério, isto é, no dom, na graça recebida no sacramento. A dinâmica dessa participação é dada pelo Espírito Santo, que proporciona a configuração do fiel no corpo eclesial de Cristo. Na vigília pascal, os neófitos fizeram a experiência nova e pessoal dos sacramentos e da comunidade; entraram em comunhão com o Espírito Santo e experimentaram quão suave é o Senhor.

A meta é chegar à essência do caminho: ser incorporado em Cristo para viver com ele a sua Páscoa, que passa a ser a de todo o Corpo. Essa será a obra acabada dos três sacramentos. Claro que essa incorporação somente será completa com a resposta de fé tecida ao longo de toda a vida do neófito. "Até que todos cheguemos à unidade da fé e do conhecimento do Filho de Deus, ao homem perfeito, à medida da estatura da plenitude do Cristo" (Ef 4,13).

A relação mestre-discípulo não se limita ao fato de ensinar e aprender uma doutrina, mas é uma comunhão vital com Jesus e se traduz na obediência incondicional à sua Palavra. Os seguidores de Jesus participam de sua vida, de suas atividades, particularmente do anúncio do Reino. Mas eles dependem plenamente de Jesus e agem em comunhão com ele. Sem a relação-comunhão vital com Jesus, a pregação da Boa-Nova do Reino perde toda sua força de transformação.

Um processo de educação mistagógica da fé não é uma doutrina bem organizada; é, sim, um caminho percorrido em comunidade, no qual existe partilha, perdão, escuta, acolhida, celebração, compromissos... É uma busca da fé em comum.

Junto aos iniciandos, a comunidade é chamada a renovar a graça batismal. A cada ano refaz o caminho da iniciação e renova os compromissos de vida batismal. Também se compromete a acolher e formar o catequizando, como também a preparar o catequista e a tornar disponíveis os meios necessários para a catequese. A catequese encontra, na comunidade, seu lugar próprio, mas deve realizar-se, também, "em comunidade", quer dizer, levando o grupo de catequizandos a ser uma verdadeira comunidade. A vida comunitária é fundamental para o discípulo de Jesus. A nossa fé se forma no grupo de seguimento do Senhor, porque precisamos uns dos outros para nos educar no caminho das bem-aventuranças, nos fortalecer na oração e confirmar nossa fé.

"A Igreja é o povo que Deus reúne no mundo inteiro. Existe nas comunidades locais e se realiza como assembleia litúrgica, sobretudo eucarística. Vive da Palavra e do corpo de Cristo e ela mesma se torna, assim, corpo de Cristo."[12]

O processo de educação da fé é comunitário, no seu andamento e no seu fruto final. Além da experiência comunitária realizada no contexto da vida paroquial, é fundamental que o catecumenato desenvolva uma pedagogia de diálogo e de partilha.

Por isso, precisa-se criar um ambiente de "comunidade". O próprio encontro seja uma experiência do que é comunidade eclesial. Os participantes se conheçam, se estimem e procurem, juntos, aprofundar a fé, rezar com a Palavra de Deus, ser solidários, sabendo partilhar e ajudar-se mutuamente. Que seja um ambiente alegre, onde todos se sintam aceitos e valorizados.

Devoção

A compreensão do mistério de Deus, revelado em Cristo e celebrado na força do Espírito na liturgia, nos leva a ressaltar a configuração progressiva do catequizando nesses acontecimentos. A celebração de cada um dos acontecimentos da vida de Jesus gera uma atitude e um comportamento de vida nova. Essa postura se diferencia de uma visão unicamente devocional.

Mesmo com uma reta intenção de fé, há a necessidade de o devoto dar o passo de perceber-se intrinsecamente parte da revelação, pela incorporação a Cristo e recepção do seu Espírito no Batismo. Essa incorporação em Cristo coincide com a linguagem da catequese querigmática e se reforça com ela, assumindo um caráter de transformação e de mudança no modo de pensar e de ser.

[12] BENTO XVI. *Compêndio do Catecismo da Igreja Católica*. São Paulo: Loyola, 2014, n. 752.

Mais do que desenvolver a vida litúrgica, torna-se natural para muitos católicos ter uma fé muito pessoal, reduzir a prática da vida religiosa apenas em cumprir promessas e pedir sacramentos nos grandes momentos de passagem – Batismo, primeira comunhão, casamento e missa de sétimo dia.

Vamos valorizar essas diversas manifestações de fé presentes nas comunidades, particularmente, as devoções marianas, ao Bom Jesus, aos santos, mais caracterizadas pela adesão afetiva à fé, com ampla expressão de sentimentos, pedido de curas e graças urgentes e imediatas. Trata-se de expressões legítimas de amor a Deus, de acolhida do transcendente, de superação da pobreza, das situações-limite: luto, desemprego, desilusão amorosa, fome... e de retidão de vida em direção ao bem dos outros.

No horizonte da tecnologia cada vez mais avançada, manifestar sensibilidade de fé para aprofundar o mistério de Cristo já é um ganho imenso, porém nosso amor por Jesus vai além do sentimento de adoração, piedade e confiança. O processo catequético partirá dessas devoções para evoluir em direção ao seguimento de Jesus Cristo. Tornar-se discípulo de Jesus implica estabelecer uma relação com o Senhor para conhecer sua vida, seu ensinamento e o destino que ele nos oferece, da maneira como o Evangelho apresenta.

A liturgia, ao celebrar ciclicamente os mistérios da vida de Cristo, educa nossa fé para acolher o projeto de Deus e nos confere a graça do Espírito para abraçarmos a missão que o Pai nos aponta. Aos poucos, damos o passo de uma fé individual e motivada pelas necessidades imediatas, a fim de discernir a vontade de Deus e conformar nossa vida a ela.

Vamos celebrar o Deus da vida apresentando-lhe nossas necessidades pessoais, nossas lutas e sentimentos para amadurecer a fé no horizonte da doação e da entrega da própria vida, até a identificação com Cristo. "A educação na fé supõe [...] discernimento na busca de Deus, presente na religiosidade popular, e condução de todas as nossas devoções e práticas religiosas ao Mistério Pascal."[13]

A liturgia ressalta o caminho do discipulado, a transformação contínua do cristão nos mistérios celebrados e a apropriação da cruz cotidiana na perspectiva otimista da ressurreição na vida eterna. A liturgia também nos prepara para acolher a vontade de Deus e para seguir o seu plano

---

[13] CNBB, *Iniciação à vida cristã*, n. 151.

em nossa vida. Isso requer leitura da Palavra, participação na oração da comunidade, especialmente da Eucaristia dominical.

Catequista mistagogo

A Igreja espera contar, hoje, com catequistas que, além de estar capacitados para o serviço da catequese, sejam capazes de evangelizarem de tal forma que conduzam de fato o seu catequizando ao encontro com Jesus, vivo e ressuscitado: é essa a tarefa do *catequista mistagogo*. Para conduzir alguém a Jesus Cristo é preciso primeiramente tê-lo encontrado na comunidade, na Eucaristia, no pobre, naquele que sofre... A ação da catequese, segundo este método, torna-se uma partilha de vivência de fé, de sentido e de motivação de vida. Antes de falar de Jesus, do Pai ou do Espírito Santo, vamos visitar nossas convicções e atitudes.

Nesse caminho, é fundamental a participação dominical na comunidade, adquirir o hábito da leitura dos Evangelhos e da oração dos Salmos, aprender a ler os fatos cotidianos segundo o coração de Jesus, desenvolver uma vida de fé entregue ao bem e estar disponível para fazer a vontade de Deus...

> O caminho formativo do cristão, como é atestado nas *Catequeses mistagógicas* dos Padres da Igreja, teve sempre um caráter experiencial, mas não negligenciando a inteligência da fé. O encontro vivo e persuasivo com Cristo anunciado por testemunhas autênticas era determinante. Portanto, aquele que introduz aos mistérios é, antes de tudo, uma testemunha. Esse encontro tem sua fonte e seu ápice na celebração da Eucaristia e se aprofunda na catequese.[14]

O catequista mistagogo é aquele que faz a experiência de Deus, professa a fé no cotidiano e discerne a experiência de fé de seus catequizandos nos sinais que revelam a presença de Deus nos acontecimentos da vida, na história da salvação e, principalmente, nos ritos celebrados na liturgia. O catequista é capaz de celebrar e viver a riqueza dos sacramentos na vida e entender os seus sinais na celebração. Assim, ele vive do mistério e é capaz de conduzir outros ao mistério.

---

[14] PONTIFÍCIO CONSELHO PARA A PROMOÇÃO DA NOVA EVANGELIZAÇÃO. *Diretório para a catequese*. São Paulo: Paulinas, 2020, n. 97.

O catequista, sendo uma pessoa de fé, aprende a reconhecer a manifestação do Senhor na liturgia, que se torna lugar de encontro com Cristo. Daí vem a importância de conhecer o espírito da liturgia, sua maneira própria de expressar o mistério fazendo memória do acontecimento salvífico. A familiaridade com a celebração litúrgica o ajudará a unir o sinal com a proclamação da Palavra. Se você, catequista, não tem a prática de conduzir uma celebração ou oração comunitária, não precisa temer ou sentir-se inseguro, porque se trata do mesmo movimento da Palavra.

O mistagogo já fez uma parte do caminho; portanto, encontra-se habilitado a ser companheiro de estrada, assim como aconteceu com os discípulos de Emaús. Da partilha do Pão da Palavra e da Eucaristia, eles passam para a ação e voltam para Jerusalém para dar o testemunho. Liturgia e vida são partes de um mistério!

2 Celebrar com fé

Muitas vezes fomos acostumados a olhar as celebrações da Igreja e admirar somente sua expressão externa (se os cantos estavam bons, como o pessoal se vestia ou se comportava... e daí por diante). Mas precisamos antes prestar atenção ao espírito em que todas essas coisas se realizam. Os sinais (Palavra, luz, vinho, óleo, pão), os gestos (soprar, ficar de pé, sentar, ajoelhar, impor as mãos) e as orações querem nos levar a participar da Páscoa de Cristo. A liturgia e os sacramentos tornam presente a graça de Deus invisível. Segundo São Leão Magno, o que era visível em nosso Salvador passou para os sacramentos da Igreja.

A liturgia busca ser mais humana, ressalta nossa comunhão de amor e de vida com o Pai, o Filho e o Espírito Santo; prioriza as relações fraternas, pois na comunidade celebrante as pessoas se encontram, se educam, se estimam e se ajudam, motivadas unicamente pela fé no Ressuscitado.

Ajudar o catequizando a vivenciar os símbolos e gestos celebrados como realidades divinas faz parte da educação de sua fé para entrar na órbita da revelação do projeto de Deus. Os símbolos nos possibilitam alcançar as realidades de nossa fé e a fazer a experiência de Deus em nossa vida.

Há que despertar a atitude de fé do catequizando para que ele se dê conta de que os elementos rituais estão em contato com acontecimentos salvíficos e, por isso, eles mostram mais que a simples função aparente de seu uso comum. Vamos entrar no universo da aliança com Deus: esse encontro é pessoal e comunitário com Jesus Cristo, reconhecido como Deus que vem, salva e reúne o seu povo.

Jesus deixa clara a necessidade da fé para que, quem está na escuridão, passe a enxergar. Em Mt 9,27-34, dois cegos vinham seguindo o Mestre. Dificilmente Jesus faz perguntas para quem se aproxima dele. No entanto, ao chegar à casa, Jesus provoca o ato de fé desses dois cegos e lhes pergunta: "Acreditais que eu posso fazer isso?".

A resposta: "Sim, Senhor" (v. 28) é a linguagem de quem está aberto para a fé, contém o pré-requisito para ser beneficiado pela ação de Jesus. Então, toca nos olhos deles e lhes diz: "Faça-se conforme a vossa fé". Para ter os olhos abertos é necessário aderir à pessoa de Jesus e ao seu ensinamento portador de salvação.

A recuperação da visão exterior é indicadora de uma fé mais profunda. O milagre sinaliza a divindade de sua pessoa realizando o Reino com o surgimento de uma nova humanidade. Nessa mesma passagem, as multidões acolhem admiradas esse gesto poderoso e o interpretam com benevolência: "Jamais se viu coisa semelhante em Israel" (v. 33b).

Na direção oposta: "Os fariseus, ao contrário, diziam: 'Expulsa os demônios com o poder do chefe dos demônios'" (v. 34). O olhar superficial dos inimigos lhes tira a capacidade de superar as aparências e captar os fundamentos da ação benevolente de Jesus.

Vê-se que mesmo um milagre como esse é insuficiente para revelar a messianidade de Jesus e sua vinculação com o Pai e com o Reino. Tudo dependerá do olhar de quem o contempla. Há que superar a materialidade do fato e perceber, na ação de Jesus, sua condição de Filho enviado do Pai.

Na liturgia, esse milagre fundamenta o caminho de iluminar os olhos com a fé para aderir à pessoa do Filho de Deus e abrir o coração à ação da graça. A capacidade de discernir a realidade e os sinais litúrgicos à luz da fé é característica do proceder do discípulo do Reino.

Sinais de fé

Na ação litúrgica, os sinais falam, os gestos comunicam e o silêncio não é mera suspensão de atividades, mas momento fecundo de manifestação do Espírito do Senhor em meio à sua Igreja. Partimos do visível para o invisível, do sinal: água, luz, pão e vinho... para o mistério de salvação: água viva, luz do mundo, pão do céu, enfim, para a vida eterna.

Os sentidos captam somente a figura exterior, porém o decisivo é a graça. Efetivamente, o rito visto somente de fora não oferece automaticamente o significado de que é portador. Esse significado deve ser descoberto, revelado pela Palavra, pela catequese. Mais ainda, deve ser professado pela fé. A fé move as pessoas pela estrada que conduz ao mistério de Deus.

Em uma celebração litúrgica, a água não se reduz a um elemento químico; a vestimenta é traje de festa ou de função; a mesa é, ao mesmo tempo, o altar para uma oferenda; o andar se torna procissão; a refeição é símbolo de outra refeição: é ceia mais de aliança do que de saciedade da fome corporal. Tudo isso supõe, por parte dos que celebram, a superação de uma abordagem puramente elementar e material, apenas ilustrativa dos fatos passados, e a aceitação de reconhecer e contemplar o invisível no próprio núcleo do que veem: o mistério de Deus no íntimo mesmo das palavras, dos gestos, das coisas, das pessoas.

Há que criar uma nova mentalidade de relacionamento com o símbolo e destacar exatamente o que não pode ser medido nem domesticado pela inteligência humana. Por exemplo, contemplar o mistério da luz de um círio que se destaca na escuridão da noite; admirar a Palavra criadora que tem o poder de fazer surgir a beleza da natureza ou de intervir nas situações mais inusitadas da vida humana...

Desenvolver a capacidade de admiração pela criação e promover a comunhão com ela é uma ação muito própria da liturgia que cultua o Criador, a qual se manifesta em suas obras e nos próprios símbolos e gestos ritualizados. A compreensão desses símbolos nos põe em contato com Deus e, necessariamente, passa por uma relação de amizade e cuidado com o entorno que nos envolve. Desenvolvemos uma relação de harmonia e de paz.

A paz interior, que tanto buscamos, tem muito a ver com esse cuidado e respeito pelas pessoas e pela criação. Alcançamos esse estado por meio de um equilibrado estilo de vida aliado com a capacidade de admiração por todo o belo que nos rodeia. Através do culto, somos convidados a abraçar o mundo em um plano diferente. Quando admiramos a grandeza de uma paisagem, não podemos separar isso de Deus, e percebemos que tal admiração interior finaliza-se no Senhor.

Essa educação de vida implica gratidão e gratuidade, ou seja, um reconhecimento do mundo como dom recebido do amor do Pai, por meio do cuidado com a fragilidade dos pobres e com o meio ambiente. "A natureza está cheia de palavras de amor, mas como poderemos ouvi-las no meio do ruído constante, da distração permanente e ansiosa ou do culto da notoriedade?"[1]

---

[1] FRANCISCO. *Carta Encíclica Laudato Si'*: sobre o cuidado da casa comum. São Paulo: Paulinas, 2015, n. 225.

A capacidade de admiração leva à profundidade da vida. "Quando não se aprende a parar, a fim de admirar e apreciar o que é belo, não surpreende que tudo se transforme em objeto de uso e abuso sem escrúpulos."[2] A atitude de parar e contemplar se coloca na contramão do "mercado [que] tende a criar um mecanismo consumista compulsivo para vender os seus produtos, [pelo qual] as pessoas acabam por ser arrastadas pelo turbilhão das compras e gastos supérfluos".[3] E, dessa forma, não se dão conta da ligação da natureza com o Criador.

A percepção da ação de Cristo e do Espírito no rito celebrado nos torna mais sensíveis. Passamos a ver o rosto de Deus nas pessoas, nos pobres, na comunidade e em toda a criação. Identificamo-nos com o povo, não ignoramos os problemas e procuramos compreendê-los à luz da Palavra de Deus. Sentindo-nos assim, fica fácil criar laços de amizade e de partilha, ter gestos profundos de relação com o outro e buscar a comunhão. Igualmente, passamos a respeitar o meio ambiente, a valorizar os elementos que o compõem e as relações destes com os humanos. Toda a criação revela o traço do Criador.

Gestos corporais na liturgia

O ser humano é um ser constituído de tal maneira que realiza tudo a partir de seu espírito interior e de sua corporeidade: não só tem sentimentos e ideias como também os expressa com palavras, gestos e atitudes. Muitas vezes somos levados a pensar que a eficácia da oração litúrgica consiste em falar muito alto ou se derramar em sentimentos piedosos. Há que combinar o gesto externo com a atitude interior que decorre do que aquela ação expressa na celebração.

Durante as celebrações, os gestos externos de nosso corpo correspondem à atitude interior de fé e de oração. Nosso corpo também reza. Somos unidade de corpo, mente e espírito. Expressamos nossos sentimentos de respeito, disponibilidade, humildade, adoração, espera confiante e receptividade com a postura de nosso corpo. A liturgia valoriza o corpo e os sentidos para celebrar o amor *ágape* e promover a comunicação com Deus e com os irmãos. A participação

---

[2] Ibid., n. 215.
[3] Ibid., n. 203.

ativa nos atos litúrgicos requer e envolve ações, gestos e a postura do corpo humano.

Reunir-se para acolher a Palavra de Deus exige algumas atitudes de nossa parte. Primeiramente, nós nos sentamos com calma e em atitude de quem vai ouvir uma notícia de salvação, de esperança, porque é o próprio Cristo quem anuncia na força de seu Espírito. Estar sentados é sinal de acolhida e de escuta. Procuramos nos movimentar de acordo com o que os animadores nos sugerem. Mas nossa atitude interior é de concentração, atenção, adesão confiante ao Senhor. Entoamos os refrãos ou cantos, de preferência alguns versículos dos textos bíblicos lidos ou inspirados neles.

Ao exercer algum ministério (serviço) durante a celebração, a pessoa ajuda a comunidade a rezar melhor, evitando tudo aquilo que distraia a assembleia (som muito alto, ruídos...). É bom que todos os participantes estejam em atitude orante para ouvir o Senhor. A Palavra e a entrega de Jesus são o centro das atenções durante a celebração. Oferecemos nossa voz para ler ou cantar e, se formos solicitados, serviremos junto ao altar sempre de modo discreto e sabendo claramente o que fazer e como se portar.

Para proclamar as leituras na assembleia, devemos ler o texto com antecedência, entender seu conteúdo (não ler como papagaio), usar o microfone na altura certa, modular a voz corretamente, colocar-se próximo ao ambão etc. Ao ler, usar a entonação de voz própria ao tipo de leitura, ao gênero literário (narrativa, texto sapiencial, ensinamento, parábola...). A segurança dos gestos evitará a pressa na leitura. Tudo deve ser conferido antes para evitar hesitação. Na celebração litúrgica, os gestos e os movimentos são sempre realizados com respeito e seriedade, e revelam os sentimentos de fé de todos que atuam e participam na celebração.

Na dimensão horizontal, a liturgia prevê a formação da assembleia como povo de Deus reunido, encontro de irmãos que se acolhem, se cumprimentam e se ajudam. São pessoas que se reconhecem unidas em Cristo e capazes de vencer a discórdia pela ação do Espírito. Na celebração rezamos com as atitudes que ornam a pessoa: sorrir, ser carinhoso e afetuoso, cumprimentar, dar as mãos, ser educado ao nos dirigir a quem está do lado, ou mesmo dispensar cuidado e atenção aos idosos. O abraço da paz selará o compromisso de toda a assembleia.

Na dimensão vertical, o corpo humano ora, suplica, louva e agradece ao Criador: de pé (sinal de atenção e prontidão), sentado (atitude de escuta e acolhida), de joelhos (expressão de súplica e de humildade), em procissão (em peregrinação para a casa do Pai). Assim, temos também os gestos com os braços e as mãos levantadas, ou unidas em prece, em posição de oferta ou estendidas. Com as mãos batemos no peito ou as lavamos, em sinal de reconhecimento dos pecados.

O corpo é o templo de Deus, morada do Espírito. De sua interioridade brota o culto em espírito e verdade, pois no coração humano se ergue o altar das boas obras de nosso trabalho. Esse é o louvor que realizamos nas várias horas do dia, a chamada liturgia da vida.

Celebração acolhedora

Não se poderá descuidar da dimensão humana da participação. Nesse ponto, é fundamental criar o clima de acolhida na celebração. Quando acolhe alguém, o catequista não o faz em seu nome pessoal, mas em nome de Cristo e da Igreja, pois é Cristo que acolhe e se une aos fiéis para, com eles, elevar ao Pai o seu supremo culto ofertorial. Tal atitude transparece no sorriso, no jeito simples e cordial de se sentir bem com a presença da pessoa, como também de valorizar sua chegada. Só quem ama acolhe aqueles que são vítimas do desamor.

Essa reciprocidade é transformadora, provocadora de situações que geram outros gestos de amor. Acolher é evangelizar. Acolher é ter um olhar misericordioso e não de julgamento!

Atualmente, o sentir geral da sociedade convida nossas comunidades a darem mais atenção às pessoas. Acolher significa oferecer refúgio, proteção ou conforto. É mostrar, com gestos e palavras, que a comunidade é o espaço onde se pode encontrar essa segurança.

Ao receber bem, estamos dizendo ao catequizando: você é muito importante no nosso meio, sua presença vem enriquecer o nosso grupo. Acolher é valorizar a pessoa diante de Deus e da Igreja.

Silêncio

Educar-se na escola do silêncio é outro desafio para ser introduzido no segredo da celebração litúrgica. Deus não se comunica no barulho, na agitação e na ansiedade. Lembremo-nos da famosa passagem de Elias no 1Rs 19,9-18, na qual o Senhor não se manifesta no trovão, nem nos raios, nem no terremoto, e sim na brisa mansa que cai suavemente sem fazer barulho. O mistério de Deus se acolhe no silêncio, contemplando-o; apenas o recebemos gratuitamente, sem nenhum mérito de nossa parte.

Com o silêncio criamos condições para dialogar com Deus e ouvir sua voz ressoar no fundo de nossa consciência. A precedência é do Senhor, que espera nossa calma interior para revelar o segredo de sua vontade. Calar-se é admitir que precisamos de luz para entender o momento presente. Calar se torna fundamental para acolher a voz da consciência mostrando-nos o caminho mais justo para nossas decisões. Nessa hora, nossa inimiga é a ansiedade proveniente de nossa agitação interna.

O silêncio é amigo, ativa nosso raciocínio e centraliza nosso ser em um foco; é o antídoto para a dispersão, a agitação interior e a ansiedade. Durante a oração litúrgica, o protagonista é o Senhor, que dirige a nós sua Palavra, delibera sua vontade e nos mostra o caminho. Em um mundo cheio de barulho, o silêncio é muito importante para poder escutar.

O barulho do mundo sufoca a Palavra e a nós mesmos. No silêncio, somos capazes de ouvir a voz de Deus debaixo das coisas que vemos e contemplamos. Ele nos fala ao coração. Quando prestamos atenção e ouvimos nossos sentimentos, aumenta nossa capacidade criativa e podemos captar melhor a ação de Deus em nossa vida.

Em duas ocasiões, o evangelista Lucas registra Maria meditando em seu coração os acontecimentos envolvendo o nascimento e a infância de Jesus (Lc 2,19.51b). Nazaré é considerada a casa do silêncio, do trabalho e das relações estreitas de família. Ali, Jesus se preparou para o seu ministério público e, atentamente, Maria e José acompanhavam os desdobramentos do que seria a missão daquele filho.

Diz um pensamento atribuído a Madre Teresa: "Precisamos encontrar Deus, e não podemos fazê-lo com barulho e desassossego. Deus é amigo do silêncio. Veja como a natureza – árvores, flores, grama – cresce no silêncio; veja as estrelas, a lua e o sol, como se movem em silêncio... Precisamos de silêncio para sermos capazes de tocar almas". Quem quer ser amigo de Deus precisa ser amigo do silêncio. Deus é silêncio.

Ajudar o catequizando a valorizar o silêncio é um desafio para deixar, em algum momento, os fones de ouvido, as imagens dos vídeos e se fixar, gratuitamente, na natureza, no barulho do vento ou na revoada ruidosa dos pássaros. O silêncio educa os nossos sentidos para reconhecer as dádivas de Deus. A pedagogia do silêncio é a arte de conduzir para o lugar da interioridade pessoal e comunitária. Ela quer ser um caminho rumo a nossa casa interior, para permanecermos na escuta atenta do mistério que perpassa a nossa existência.

Silêncio na celebração

A importância do silêncio ao longo da celebração deve ser destacada. Por isso, há que promover exercícios de escuta ativa que possibilitem calar os ruídos externos para se fixar o olhar em um círio... acolher o mistério revelado na celebração. Com frequência, o Missal Romano (o livro que orienta a celebração da missa) sublinha a pedagogia do silêncio na celebração; recomenda observar breves momentos de silêncio, para que possamos assimilar com profundidade a Palavra, ou para personalizar a oração, ou para prolongar um clima de recolhimento e paz no momento culminante da comunhão.

Essas pausas de silêncio dão à celebração um ritmo sereno que permite a todos ir sintonizando com o que celebram, ouvem e dizem. Por exemplo, o Missal Romano recomenda essas pausas:

a) depois do convite para o ato penitencial, para que os presentes se recolham em seu interior;

b) depois do convite para orar antes da oração da coleta;

c) após as leituras e a homilia, para os fiéis meditarem brevemente sobre o que ouviram (o Missal voltará a dizer várias vezes que "depois da homilia oportunamente se observa um breve espaço de silêncio");

d) quando o sacerdote proclama a Oração Eucarística; a comunidade, então, "se associa ao sacerdote com fé e em silêncio", e todos "louvam a Deus em seu coração e oram";

e) após a comunhão.

A liturgia da Palavra deve ser celebrada de tal modo que favoreça a meditação; por isso deve ser de todo evitada qualquer pressa que impeça o recolhimento.

Integram-na também breves momentos de silêncio, de acordo com a assembleia reunida, pelos quais, sob a ação do Espírito Santo, se acolhe no coração a Palavra de Deus e se prepara a resposta pela oração. Convém que tais momentos de silêncio sejam observados, por exemplo, antes de se iniciar a própria liturgia da Palavra, após a primeira e a segunda leitura, como também após o término da homilia.[4]

---

[4] INSTRUÇÃO GERAL SOBRE O MISSAL ROMANO. 3. ed. São Paulo: Paulinas, 2007, n. 56.

3 Tempo salvífico

Deus se revela hoje e age em nossa história em um diálogo constante de providência e amor. Deus é o agente primeiro de toda a ação reveladora. Ele comunica, antes de tudo, a si mesmo e os eternos desígnios de sua vontade. A finalidade de toda a sua ação é a salvação das criaturas humanas, constituídas suas parceiras e interlocutoras. Esse relacionamento pessoal orienta nossa decisão de querer viver definitivamente em comunhão com ele.

O tempo é decisivo para acolhermos a salvação de Deus. Nele se desenrola a história humana tecida de fatos corriqueiros e grandiosos, individuais e comunitários. Em tais acontecimentos, a pessoa de fé reconhece a silenciosa ação divina em termos de fidelidade à aliança com o Senhor.

Temos a chance de viver uma só vez, com toda a responsabilidade que isso implica. Devemos ser responsáveis por nossas ações e, sobretudo, por agir com autonomia em nossas decisões. Avaliar e discernir a passagem do tempo em nossa vida é algo muito próprio do cristianismo. Daí a importância de fazermos a interação entre fé e vida, tão própria do método de nossa catequese. O cristão acolhe o tempo não como prisão que envelhece e mata, mas como oportunidade da graça do Senhor que vem ao seu encontro e o salva.

Fixemos a linha do tempo desde a criação do mundo até a segunda vinda triunfal de Jesus. De maneira mais ampla, a Bíblia traça, em grandes etapas, a história da Aliança de Deus com a humanidade, na qual o Senhor, como um noivo/marido ciumento, conduz o povo/a noiva por caminhos cada vez mais planos. Pedagogicamente, vamos dividir a história da salvação em quatro *tempos*: do Pai, do Filho, do Espírito ou da Igreja e por fim da Parusia, do Reino em Plenitude, quando Deus será tudo em todos.

Preparação ou promessa – De um lado temos a bondade de Deus que cria o cosmo, a natureza e o ser humano, como ato de seu amor. De outro lado, vem a resposta do ser humano marcada pela vaidade e pela vontade de se igualar a Deus. Essa etapa é constituída pelas contínuas alianças que Deus estabelece com o ser humano, a ponto de formar um povo e prepará-lo para receber o Messias, seu Filho, que o livrará da escravidão – é a revelação de Deus no Antigo Testamento.

Realização – O Filho de Deus é enviado ao mundo para resgatar a humanidade do mal, da morte e da violência do pecado. Jesus aceita cumprir o plano de salvação da humanidade traçado pelo Pai e realizado na força do Espírito Santo. Jesus inaugura o Reino com sinais que atestam sua filiação divina. Essa etapa compreende os mistérios da encarnação, vida, paixão, morte e ressurreição de Cristo.

Igreja ou do Espírito – A ascensão de Jesus e sua exaltação à direita do Pai marcam o fim do ministério de Jesus de Nazaré na terra e o começo de seu serviço universal como Senhor da história e Salvador da humanidade. Jesus deixa como penhor, isto é, como garantia de sua presença entre nós, o Espírito Santo. Vivemos hoje no tempo da Igreja, isto é, no tempo do Espírito, quando o Reino de Deus já se manifesta entre nós, mas não plenamente. É um tempo intermediário, pois caminhamos como Igreja peregrina para nos unir à Igreja gloriosa.

Eternidade – A Igreja gloriosa celebra o contínuo louvor entoado por aqueles que foram salvos junto ao Trono do Cordeiro na Jerusalém Celeste, onde a realidade do Reino de Deus já é plena.

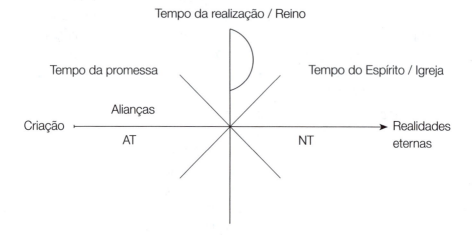

O tempo da promessa

A criação é o grande ato amoroso do Pai de projetar o jardim e nele colocar o ser humano à sua imagem e semelhança, para cultivá-lo e guardá-lo. No plano original, o ser humano vivia em harmonia com Deus e a natureza, e sempre dispôs da capacidade de livre escolha entre o bem e o mal. No entanto, ele preferiu comer o fruto da árvore do conhecimento na tentativa de se tornar igual a Deus; assim, rejeitou o plano do Pai. Seu pecado de orgulho rompeu a harmonia e fez entrar no mundo a desobediência a Deus, com suas consequências de morte, de violência, de exploração do outro, de malícia e de poder.

Apesar do pecado de infidelidade e de recusa do projeto original de amor, Deus convoca, reúne e caminha com o povo. Não o deixou abandonado a um destino de morte. Ao contrário, estabeleceu uma *Aliança* que se renovou muitas vezes com Noé, Abraão, Moisés... Formou-se, então, o povo eleito, porque Deus o escolheu para si, o chamou para uma vida de comunhão. Deus tem um plano de salvação para que o povo não se perca na idolatria e no culto aos falsos deuses da injustiça e da violência.

Na missa, rezamos a Oração eucarística IV:

> Nós proclamamos a vossa grandeza, Pai Santo, a sabedoria e o amor com que fizestes todas as coisas: criastes o homem à vossa imagem e lhe confiastes todo o universo, para que, servindo a vós, seu criador, dominasse toda criatura. E, quando pela desobediência, perdeu a vossa amizade, não o abandonastes ao poder da morte, mas a todos socorrestes com bondade, para que, ao procurar-vos, vos pudessem encontrar. E, ainda mais, oferecestes muitas vezes aliança aos homens e os instruístes pelos profetas na esperança da salvação.

No ciclo de Moisés, ocorreu o acontecimento fundante de todo o Antigo Testamento: a *páscoa – passagem* da escravidão para a liberdade, em que se deu o "êxodo", que significa "saída" e se refere à *fuga do Egito e à conquista da terra prometida*. Deus vem ao encontro da escravidão de seu povo para libertá-lo. O êxodo é a Páscoa propriamente dita.

Após a travessia, o povo se reuniu aos pés do monte Sinai e formalizou a Aliança. Para um povo recém-formado, ainda adolescente e precisando de balizas morais em sua liberdade reconquistada, Deus, por intermédio de Moisés, emite e entrega os Dez Mandamentos e outras inúmeras prescrições, impostas de fora para dentro (cf. Ex 19,16–20,1ss). A Aliança do Sinai tem também um sinal formal que sela o pacto: um sacrifício e uma aspersão com sangue.

Deus mandará *os profetas* para lembrar ao povo as condições do pacto. Entretanto, profetas posteriores entreviram para os futuros tempos messiânicos uma Nova Aliança, que superaria e aperfeiçoaria a do Sinai: "Eu vos darei um coração novo e porei em vós um espírito novo. Removerei de vosso corpo o coração de pedra e vos darei um coração de carne. Porei em vós o meu espírito" (Ez 36,26-27).

A Nova Aliança se distinguirá não pela novidade de suas condições, mas por sua interioridade. As antigas alianças estavam baseadas em sinais externos que não mudavam o coração do ser humano, inclinado à infidelidade e ao pecado. Deus estabelecerá uma Nova Aliança no coração deles.[1]

Esta é a aliança que farei com a casa de Israel: colocarei a minha lei no seu coração, vou gravá-la em seu coração; serei o Deus deles, e eles, o meu povo. Ninguém mais precisará ensinar seu irmão, dizendo-lhe: "Procura conhecer o Senhor!" Do menor ao maior, todos me conhecerão (Jr 31,33-34).

Jesus Cristo, a realização da promessa

"No passado, muitas vezes e de muitas formas, Deus falou a nossos pais, pelos profetas. Neste tempo final, falou a nós pelo Filho" (Hb 1,1-2). São os últimos tempos, porque nada pode ser maior que a novidade: Jesus, Verbo de Deus encarnado.

"Deus amou tanto o mundo: a ponto de dar o Unigênito, a fim de que todo aquele que nele crer não pereça, mas tenha a vida eterna" (Jo 3,16). Entregar é sinônimo de oferecer, doar em benefício salvífico-libertador para a humanidade. "Quem não poupou seu próprio Filho, mas o entregou por todos nós, como não haverá de nos agraciar com ele em todas as coisas?" (Rm 8,32).

"Quando, porém, veio a plenitude do tempo, Deus enviou o seu Filho, nascido de mulher, nascido sob a Lei" (Gl 4,4). Somente Jesus, na condição de Filho de Deus, poderia resgatar a humanidade do mal e da morte. "Nenhum homem, ainda que o mais santo, tinha condições de tomar sobre si os pecados de todos os homens e de oferecer-se

---

[1] LATORRE, Jordi. *Modelos bíblicos de oração*: herança do Antigo Testamento na liturgia. São Paulo: Paulinas, 2011. p. 20.

em sacrifício por todos."[2] Por isso, "Deus enviou seu próprio Filho na condição de escravo, condição de uma humanidade decaída e fadada à morte por causa do pecado".[3]

Jesus se fez carne, assumiu a nossa natureza humana e tornou-nos "participantes da natureza divina" (2Pd 1,4). Dessa forma, entrando em comunhão com ele, nos tornamos filhos de Deus. Aquele que estava em Deus e era Deus se fez visível, se manifestou em nossa história, fez-se um de nós para ser solidário com o nosso destino. "E a Palavra se fez carne e armou sua tenda entre nós" (Jo 1,14).

Os tempos estão maduros e completos, e temos acesso à salvação que Cristo nos veio trazer. "Depois que João foi entregue, Jesus veio para a Galileia proclamando o Evangelho de Deus: 'Completou-se o tempo e está próximo o Reino de Deus. Convertei-vos e crede no Evangelho" (Mc 1,14-15).

Jesus dá sequência à missão de João Batista com uma novidade radical que se denomina "Evangelho" – Boa-Nova: é o Reino. Jesus Cristo, por meio de sua palavra, realiza o Reino, porque sua pessoa é a própria Palavra eterna do Pai entre nós (cf. Jo 1,1). A boa notícia do Reino cumpre o tempo de Deus em nossa história.

É a sua experiência de união com o Pai que o leva a viver e a propor um jeito totalmente novo de ver, pensar, agir e organizar as relações entre as pessoas. Todos os homens são chamados a entrar no Reino. Para ter acesso a ele, é preciso acolher a Palavra de Jesus. Cabe a nós somente uma atitude: a conversão e adesão ao projeto do Pai.

Jesus promove a vida à medida que promove a dignidade das pessoas: "Cegos recuperam a vista, coxos andam, leprosos são purificados, surdos ouvem, mortos ressuscitam, pobres são evangelizados" (Lc 7,22). O Reino subverte a lógica deste mundo. É um Reino dos pobres, onde os que têm fome serão saciados, os que choram rirão (cf. Lc 6,20-26). Todos são convidados a partilhar seus bens (cf. Lc 12,33-34), a fazer do necessitado o próximo. A chegada do Reino de Deus supera todo tipo de exclusão.

Por isso, com ele, "o Reino está no meio de nós" e é dom do Pai (cf. Lc 16,20). Mas essa presença do Reino é ainda como fermento e

---

[2] BENTO XVI, *Compêndio do Catecismo da Igreja Católica*, n. 616.
[3] Ibid., n. 602.

semente: exige o acolhimento e o esforço do homem e da mulher para poder crescer (cf. Mt 13,21-33), o que exige conversão dos corações e mudança das estruturas injustas. Na oração do Pai-Nosso, Jesus nos ensina a apressar a sua vinda, para que seja cada vez mais pleno neste mundo: "Venha teu reino" (Lc 11,2).

Filho de Deus

Se as atitudes libertadoras que assumiu em seu ministério já provocavam as autoridades religiosas e despertaram o ciúme de Herodes, o não reconhecimento do Messias-Servo e Filho de Deus será o motivo central de sua condenação. Diz-nos o *Catecismo da Igreja Católica*, n. 587: "Se a Lei e o Templo de Jerusalém puderam ser ocasião de 'contradição' da parte de Jesus para as autoridades religiosas de Israel, foi o papel dele na redenção dos pecados, obra divina por excelência, que constituiu para elas a verdadeira pedra de escândalo".

Morte redentora

A morte redentora de Cristo nos ensina que somente ele, na condição de Filho de Deus, poderia conter a violência humana gerada pelo pecado. Essa era a vontade do Pai, a de que o Filho enfrentasse o mal em sua raiz e o debelasse com a força do seu amor. "Nenhum homem, ainda que o mais santo, tinha condições de tomar sobre si os pecados de todos os homens e de oferecer-se em sacrifício por todos."[4]

> Jesus não conheceu a reprovação, como se ele mesmo tivesse pecado. Mas, no amor redentor que sempre o unia ao Pai, nos assumiu na perdição de nosso pecado em relação a Deus. Tendo-o assim tornado solidário de nós pecadores, a fim de que fôssemos "reconciliados com ele pela morte do seu Filho" (Rm 5,10).[5]

O nosso resgate do mal e principalmente da morte consistiu no caminho de amor que ele traçou, ao defender o órfão, a viúva e o estrangeiro,

---

[4] Ibid., n. 616.
[5] Ibid., n. 603.

cumprindo toda a Lei; tal prática ele sustentou até o fim e culminou no seu sacrifício voluntário na cruz. Toda a vida de Cristo exprime a sua missão: "Servir e dar sua vida em resgate por muitos" (Mc 10,45).

Ressuscitou dos mortos

A força da ressurreição é o novo movente da história e o fundamento de nossa fé, pois Jesus sai vitorioso do embate contra o mal de seus perseguidores e de toda a maldade do mundo. A ressurreição de Jesus é a palavra definitiva do Pai em favor do ser humano, pois, em Jesus, todos fomos salvos. Através de Cristo e com ele, que escancarou os caminhos do infinito e do eterno, também a nossa humanidade está orientada para Deus e para a vida plena e perfeita.

Valem para nós o testemunho e as afirmações dos apóstolos: eles viveram para proclamar que Jesus ressuscitou e morreram para testemunhar essa verdade. Cristo está agora em um estado de vida nova plena, gloriosa, poderosa. É o Cristo glorioso, o Cristo Senhor e centro do cosmos, o alfa e o ômega do universo, no qual resplandece a conclusão da encarnação.

O tempo do Espírito/Igreja

Jesus, antes de partir para junto do Pai, não nos deixa órfãos (cf. Jo 14,18): promete-nos um Defensor que ficará para sempre conosco (cf. v. 16), que nos ensinará tudo e nos recordará tudo o que o próprio Cristo disse (cf. v. 26). Ele é o penhor, isto é, a garantia da presença do Ressuscitado entre nós.

Na cruz, "um dos soldados feriu-lhe o lado com uma lança, e logo saiu sangue e água" (Jo 19,34). Assim como da costela de Adão nasce Eva, do coração de Cristo na cruz surge a Nova Eva, isto é, a nova humanidade redimida pelo seu sangue e santificada pelo Espírito. Essa humanidade para quem ele deu a vida é a Igreja reunida dos quatro pontos do mundo. "Do lado de Cristo dormido na cruz nasceu o sacramento de toda a Igreja."[6]

---

[6] CONCÍLIO VATICANO II. Constituição *Sacrosanctum Concilium*: sobre a sagrada liturgia. Petrópolis: Vozes, 2013, n. 5.

Após a Páscoa, ao anoitecer do primeiro dia da semana, Jesus soprou sobre os apóstolos e falou: "Recebei o Espírito Santo" (Jo 20,22); esse é o princípio da vida nova inaugurada pela Páscoa, que recria o ser humano e leva-o à perfeição. Assim como na primeira criação Deus soprou sobre o barro para criar o ser humano, agora Cristo leva a humanidade à perfeição com o mistério de sua Páscoa.

As aparições do Ressuscitado e a doação do Espírito transformam os discípulos em testemunhas que, pouco a pouco, se aglutinam em comunidades com a viva consciência de que o Senhor permanece com eles. A Igreja é uma comunidade de graça e de salvação na qual está presente o Senhor glorificado, exercendo seu senhorio e seu poder salvador.

A efusão do Espírito inaugura os tempos da Igreja (cf. At 2,1-12). Para cumprir a missão de anunciar a Boa-Nova até a segunda vinda de seu Senhor, a Igreja, inspirada pelo Espírito e fundamentada sobre os Doze, é constituída em povo de profetas, sacerdotes e pastores. A comunidade dos discípulos tem um caminho próprio para percorrer: testemunhar com obras e palavras Jesus Cristo, o Senhor exaltado à direita de Deus que faz realidade o Reino do Pai pela fecundidade do Espírito (cf. Lc 8,1; 9,2).

> O Espírito Santo continua a fecundar a Igreja que vive da Palavra de Deus e a faz sempre crescer na inteligência do Evangelho, enviando-a e sustentando-a na obra de evangelização do mundo. O próprio Espírito, no interior da humanidade, semeia a semente da Palavra; suscita desejos e obras de bem; prepara o acolhimento do Evangelho e concede a fé, para que, por meio do testemunho da Igreja, as pessoas possam reconhecer a presença e a comunicação amorosas de Deus.[7]

A Igreja é sacramento por sua própria realidade de esposa e corpo de Cristo, e unida indissoluvelmente por sua cabeça (Jesus Cristo) no Espírito Santo. O Espírito vai edificando a Igreja e fazendo-a crescer. O Concílio Vaticano II chamou a Igreja de "sacramento universal da salvação" e destacou que a sua principal realidade é mistérica, invisível. A Igreja encontra toda a sua razão de ser ao formar e conduzir o povo de

---

[7] CNBB. *Diretório nacional para a catequese*. São Paulo: Paulinas, 2006, n. 23 (Documentos da CNBB, n. 84).

Deus para a plenitude do Reino. A Igreja recebe a missão de anunciar e instaurar em todas as gentes o Reino de Cristo e de Deus, e constitui ela própria na terra o germe e o início deste Reino.

Cristo Ressuscitado, presente em nossa história, continua sua presença no mundo por meio da Igreja, seu corpo, em seus sinais visíveis: os gestos sacramentais. A Igreja é o sacramento de Cristo celeste, o sinal e o instrumento visível do Senhor glorioso sobre a terra. Em sua totalidade, a essência da Igreja consiste em ser um prolongamento sacramental da ação de Cristo no mundo.

É o Espírito que atua na Igreja e faz com que sua missão e o seu culto litúrgico sejam continuadores dos atos salvíficos de Cristo neste mundo, quando ele curou os doentes, perdoou os pecadores, chamou os apóstolos, mandou que seus discípulos batizassem, participou das bodas em Caná, abençoou as crianças, saciou a fome da multidão etc. Em sua ação no mundo, a Igreja manifesta o mistério do qual é portadora: o Espírito do Ressuscitado. Por isso, cada celebração confere a graça do Espírito; do contrário, seríamos apenas ritualistas.

Eternidade

Cristo Jesus passou em seu Mistério Pascal a uma nova forma de existência. A ascensão para Cristo significa o triunfo, a glorificação à direita do Pai, constituído Juiz do Universo, Senhor da História e primogênito de toda a criação; exaltação que encontra sua expressão mais plástica nas visões do Cordeiro triunfante do Apocalipse do Novo Testamento.

Cristo está agora "acima de qualquer outro nome que possa ser mencionado" – como escreve São Paulo –, "não só no tempo presente, mas também no futuro" (Ef 1,21). Entrou definitivamente na esfera do Espírito e vive para o Pai. *Esta é a etapa final da história da salvação*.

Toda a nossa vida de fé nos conduz ao nosso destino final: a vida eterna. Esse é o objetivo principal de toda celebração litúrgica, muito além de receber uma graça, mesmo se for um emprego ou uma cura. A mensagem de Jesus consiste em colocar o discípulo na perspectiva da volta à casa do Pai, o que condiciona o sentido da vida neste mundo segundo as bem-aventuranças, com o desenlace dos que receberão o prêmio dos eleitos no juízo final (cf. Mt 25,31-46).

O livro do Apocalipse 6,9-11 descreve a Igreja gloriosa:

> Vi uma multidão imensa, que ninguém podia contar, gente de todas as nações, tribos, povos e línguas. Estavam de pé diante do trono e do Cordeiro; vestiam túnicas brancas e traziam palmas na mão. Todos proclamavam com voz forte: "A salvação pertence ao nosso Deus, que está sentado no trono, e ao Cordeiro. E todos os anjos que estavam de pé [...] prostravam-se, com o rosto por terra, diante do trono. E adoravam a Deus".

Interação, catequese e liturgia

Durante o percurso de catequese, é pedagógico apresentar a sequência da história da salvação seguindo a linha do tempo, destacando-se a centralidade de Cristo como protagonista dessa história. Tudo foi feito por ele, com ele e para ele. Respeitando a compreensão do grupo, o catequista proporcionará uma leitura dos acontecimentos e os símbolos salvíficos que demonstrem sua progressão e unidade nos quatro tempos, para que o catequizando acolha com fé a revelação divina, perceba a unidade da salvação e se sinta parte integrante dessa história.

"A apresentação da fé, portanto, deve levar em consideração os fatos e as palavras com os quais Deus se revelou à humanidade por meio das grandes etapas do Antigo Testamento, da vida de Jesus Filho de Deus e da história da Igreja."[8] Ressaltar essas etapas salvíficas, em um segundo momento, facilitará a compreensão da dinâmica celebrativa que irá abordá-las simultaneamente, sem fragmentar a única e mesma história.

---

[8] Ibid., n. 171.

Unidade dos dois Testamentos

Dentre as quatro etapas que compõem a história da salvação, destacamos a progressiva e unitária revelação que se dá entre os dois Testamentos. Tal unidade se nota pela correspondência entre sinais e fatos profetizados e posteriormente realizados em Cristo. As realidades do Antigo Testamento são figuras daquelas do Novo Testamento. A ciência das correspondências entre os dois Testamentos chama-se *tipologia*.

Objetos, acontecimentos ou personagens do Antigo Testamento servem como paradigmas. Estes se tornam o *tipo* e apontam para as realidades. Destarte, nós temos o tipo, a saber, uma semelhança dada em pessoa, objetos e eventos que apontam para o futuro. E temos o *antítipo*, que é o cumprimento da realidade prefigurada pelo tipo.

O valor da tipologia está na medida em que ela exprime claramente que as realidades do passado de Israel são a expressão dos acontecimentos realizados no Cristo. O próprio Jesus inaugura essa linguagem. Confira os exemplos:

> Assim como Moisés levantou a serpente no deserto, do mesmo modo é preciso que o Filho do Homem seja levantado (Jo 3,14).
>
> De fato, assim como Jonas passou três dias e três noites no ventre da baleia, assim também o Filho do Homem passará três dias e três noites no seio da terra (Mt 12,40).
>
> Os pais de vocês comeram o maná no deserto e, no entanto, morreram. Eis aqui o pão que desceu do céu: quem dele comer nunca morrerá (Jo 6,49-50).
>
> Então, começando por Moisés e continuando por todos os Profetas, Jesus explicava para os discípulos todas as passagens da Escritura que falavam a respeito dele (Lc 24,27).

O Antigo e o Novo Testamento são uma só unidade de amor, tendo como centro Jesus Cristo e seu mistério pascal. Um correto uso da tipologia conduz o crente a viver a Bíblia como um livro único.

Uma afirmação de Agostinho dá sentido à consideração do Antigo Testamento como ponto de partida para o Novo. Diz ele: "O Antigo Testamento é o véu do Novo Testamento, e no Novo Testamento manifesta-se o Antigo".[1] "Assim, até o dia de hoje permanece o mesmo véu sobre a leitura da antiga aliança. Não é retirado, porque é em Cristo que é suprimido, mas, quando se volta para o Senhor, o véu é removido" (2Cor 3,14b.16).

Em Jesus se realizam todas as promessas de Deus. Descobrimos, então, que os gestos de Cristo estão carregados de reminiscências bíblicas. E é ela, a Bíblia, que nos dá a verdadeira significação deles. Assim confessamos que em Jesus já se realizaram os acontecimentos do final, da plenitude dos tempos. Sendo o Novo Adão (cf. Mc 1,13), Jesus faz chegar os tempos do novo paraíso. Em Jesus Cristo, o Pai reconciliou consigo a humanidade mediante a destruição do mundo pecador. Por sua Igreja, ele salva do novo dilúvio. Atravessando a piscina do Batismo, o povo realiza o novo e verdadeiro êxodo. O novo povo de Deus torna-se livre da tirania do demônio, cumprindo a profecia de Is 43,19: "Ele traçará um caminho para o seu povo no deserto, uma trilha nas águas ácidas".

Nos Evangelhos descobrimos Jesus, que tem consciência de cumprir as promessas do Antigo Testamento, realizando-as. Sua atividade terrena presencializa a vinda do Reino de Deus. Curando, ele significa o prenúncio da chegada do tempo da graça que se realiza em sua pessoa e da qual ele é o portador. Pregando o Evangelho, Jesus tem consciência de estar reunindo o povo de Deus no Reino por ele prometido. Jesus foi, pois, o primeiro a utilizar a tipologia, e sua utilização posterior tem nele o primeiro mestre.

Utilização da tipologia por Paulo

Já na Primeira Carta aos Coríntios, Paulo utiliza os textos do Êxodo para tratar dos fundamentos da vida cristã. O texto por ele citado é um dos mais importantes para o fundamento bíblico da tipologia:

> Todos os nossos antepassados estiveram sob a nuvem; todos atravessaram o mar e, na nuvem e no mar, todos receberam um batismo que os ligava a

---

[1] AGOSTINHO. *A instrução dos catecúmenos*, 4, 8. Petrópolis: Vozes, 1984. (Fontes da Catequese, n. 7).

Moisés. Todos comeram do mesmo alimento espiritual, e todos beberam da mesma bebida espiritual, pois bebiam de uma rocha espiritual que os acompanhava; e essa rocha era Cristo. Apesar disso, a maioria deles não agradou a Deus, e caíram mortos no deserto. Ora, esses fatos aconteceram como exemplo para nós (1Cor 10,2-6).

Não precisamos sublinhar mais fortemente a relação da travessia do mar Vermelho com o Batismo. A saída do Egito já é um Batismo. As duas realidades têm uma mesma significação. Elas marcam o fim da servidão do pecado e a entrada em uma existência nova.

A pregação dos apóstolos se valeu da tipologia para estabelecer a verdade da mensagem de Jesus Cristo. Com efeito, os apóstolos consideraram-se herdeiros da pregação de Jesus e seus continuadores. Uma certeza os conduzia e foi bem expressa por São Paulo: "Ora, essas coisas sobrevieram àqueles como exemplo e foram escritas como admoestação para nós" (1Cor 10,11). Na vida da Igreja, mediante a vivência dos sacramentos, continua a ação do Espírito, fazendo "novas todas as coisas" (Ap 21,5).

Os sacramentos

A obra sacramental faz parte dessa relação: Antigo e Novo Testamento, cujo fio condutor é o Espírito Santo, que garante o protagonismo da Trindade, a qual realiza uma única história de salvação.[2] O Novo Testamento é a confirmação de todas as promessas de Deus vivenciadas nos sacramentos. Assim, exemplificando, o Evangelho segundo João já apresenta no maná uma figura da Eucaristia, recordando as mesmas palavras de Jesus Cristo: "Vossos pais, no deserto, comeram o maná e morreram. Este é o pão que desce do céu para que aquele que dele comer não morra. Sou eu o Pão Vivo que desceu do céu. Quem comer deste pão viverá para sempre" (Jo 6,49-51). Descobrimos, então, que a figura eucarística do maná faz parte da tradição perene da Igreja.

O dilúvio, na Primeira Carta de Pedro 3,18-22, é outra figura do Batismo. Ademais, significa que os sacramentos continuam, em nosso meio, as grandes obras de Deus no Antigo e no Novo Testamento: dilúvio, paixão, Batismo nos apresentam os mesmos procedimentos divinos em

---

[2] Cf. BENTO XVI, *Compêndio do Catecismo da Igreja Católica*, n. 1094.

três épocas da História Santa, e eles próprios estão ordenados ao julgamento final.

Um exemplo de leitura tipológica na liturgia renovada encontramos na liturgia dominical. A liturgia da Palavra dominical consta de uma *primeira leitura* extraída do Antigo Testamento.

> Estas leituras foram selecionadas em relação às passagens evangélicas [...] para evidenciar a unidade de ambos os Testamentos [...]. Previu-se que nos domingos fosse lido o maior número possível dos textos mais importantes do Antigo Testamento [...]. De tal forma que todos os que participam da missa dominical conhecerão quase todas as passagens mais importantes do Antigo Testamento.[3]

O *Salmo responsorial* (de resposta) é a voz da Igreja que suplica, agradece e louva, porque tudo que ela recebe vem do Senhor. O Salmo prolonga a primeira leitura em tom contemplativo e orante e como resposta de fé.

A *segunda leitura*, do Novo Testamento, segue uma carta ou escrito de maneira semicontínua; por isso, os temas não precisam necessariamente coincidir com o do Evangelho.

O *Evangelho* anuncia a realização em Cristo daquilo que foi, de alguma forma, vivido pelo povo de Deus e proclamado na primeira leitura. "A Igreja anuncia o mesmo e único mistério de Cristo quando proclama, na celebração litúrgica, o Antigo e o Novo Testamento [...]. O centro e a plenitude de toda a Escritura e de toda a celebração litúrgica é Cristo."[4]

Eis um exemplo de ligação entre as leituras bíblicas:

6º Domingo do Tempo Comum B	O leproso deve ficar isolado – Lv 13,1-2.44-46	Jesus cura o leproso – Mc 1,40-45
11º Domingo do Tempo Comum C	O profeta Natã aponta o pecado de Davi – 1Sm 12,7-10.13	Jesus perdoa a pecadora arrependida – Lc 7,36–8,3
4º Domingo do Advento A	Profecia do nascimento do Emanuel – Is 7,10-14	Gravidez de Maria e cumprimento da profecia – Mt 1,18-24

---

[3] *A MESA DA PALAVRA: elenco das leituras da missa*. Comentários de José Aldazábal. São Paulo: Paulus, 2007, n. 106.

[4] Ibid., nn. 5 e 66,1.

Concluindo

Com a ajuda de textos bíblicos, há que apresentar a realidade que os elementos e os gestos possuem segundo a história da salvação, como eles se apresentam no Antigo Testamento e como recebem sua plenitude de significado na pessoa de Jesus Cristo. Podemos dizer que essa interação entre tipos bíblicos e mistério cristão, entre promessa e cumprimento, é o coração do memorial celebrado na liturgia.

A maioria dos itinerários propostos na catequese segue a cronologia da história da salvação: criação, ciclos de Abraão, Moisés... profetas, Jesus Cristo, Espírito Santo, Igreja, sacramentos... Mesmo respeitando este caminho, é possível sinalizar a evolução dos símbolos nessa relação entre Antigo e Novo Testamento. Eles vão evoluindo de sentido, ganhando novos significados, que são plenificados no memorial litúrgico pela ação do Espírito Santo. Por exemplo, a assembleia do povo de Deus aos pés do Sinai, recebendo as tábuas da Lei, se repete de outros modos ao longo da história: passa pela assembleia de Nazaré (cf. Lc 4) e culmina, hoje, na assembleia litúrgica. Igualmente acontece com os demais símbolos litúrgicos: água, luz, cordeiro, cruz...

A leitura tipológica, enquanto prática pastoral e espiritual, gera um espírito renovado em quem a utiliza, seja a pessoa, seja a comunidade. Redescobrimos nosso passado glorioso, o presente de lutas e vitórias e a destinação a uma herança imperecível no céu. Nessa dinâmica, estamos recuperando as dimensões mistérica, litúrgica e eclesial de toda a vida cristã. A liturgia revive a dinâmica trinitária como celebração dos mistérios da vida de Cristo, vividos na força do Espírito, por uma comunidade a caminho do Pai.

5 Memorial pascal

Diante dos quatro tempos da história da salvação, situamos a celebração do mistério pascal – paixão, morte e ressurreição de Jesus – como o ápice desta história e como memorial de toda ação litúrgica, visto que toda a história da salvação converge para Cristo.

A liturgia nos coloca eficazmente em comunhão com esse mistério por meio de três movimentos estreitamente interligados, que se comunicam mutuamente durante a celebração. Nesta, confluem o *passado* (a memória do acontecimento fundante: a Páscoa), o *presente* (a profusão atual da graça do Espírito para que a Páscoa se realize em nossa vida) e o *futuro* (a antecipação da Jerusalém Celeste, na qual o Cordeiro pascal reina em plenitude).

> A Igreja, ao transmitir hoje a mensagem cristã, a partir da viva consciência que tem dessa mensagem, "recorda" constantemente os eventos salvíficos do passado, narrando-os. Interpreta, à luz deles, os atuais eventos da história humana, nos quais o Espírito de Deus renova a face da terra e permanece em uma confiante expectativa da vinda do Senhor.[1]

A tarefa que se impõe ao catequista será aquela de ajudar o catequizando a perceber esses três movimentos simultâneos como acontecimento de salvação atual. Como também suscitar a resposta de fé diante da oferta de graça que o rito celebrado oferece. A história de cada um de nós, recordada no rito, é lugar do diálogo responsável com Deus, pois as ações que empreendemos deverão responder à missão a que fomos enviados. Nossa vida é um contínuo exercício de liberdade e de acolhida da novidade do Espírito, que nos impulsiona a perceber a vontade de Deus nos acontecimentos diários. É a oportunidade única de realizarmos o projeto de Deus e cumprirmos nossa vocação de filhos seus na história. Assim, celebramos o culto em espírito e verdade.

---

[1] CNBB, *Diretório para a catequese*, n. 171.

A celebração memorial do sacrifício do Senhor se dá com os elementos do pão e do vinho apontados pelo Senhor como seu corpo e seu sangue. Entramos em comunhão com o sacrifício por meio do sacramento. Isso é importante porque, muitas vezes, exaltamos demasiadamente a presença real do Senhor no sacramento do pão e do vinho e deixamos de considerar devidamente a sua dimensão sacrifical. Justamente, da comunhão com a entrega sacrifical do Senhor decorre o compromisso do cristão de assumir a atitude de entrega da própria vida como perfeita oferenda e sendo solidário.

Sacrifício memorial

Toda ação litúrgica nos remete ao sacrifício pascal de Cristo. Naquela noite, às vésperas de ele ser entregue, o pão, o cordeiro e o vinho da ceia pascal receberam um novo sentido. Nessa ceia, é costume bendizer a Deus sobre o pão sem fermento que é partido e distribuído; Jesus viu nesse gesto o sacrifício do seu corpo imolado na cruz e dado como alimento – "Eis o meu corpo, tomai e comei". Jesus é o novo cordeiro que tira o pecado do mundo; seu sangue redentor derramado na cruz perdoa todo pecado – "Eis o meu sangue, tomai e bebei".

Sua vida entregue reconcilia a humanidade pecadora com Deus. Cristo entrega sua vida "por vós", "por todos", "pelo perdão dos pecados". Essas expressões assinalam o aspecto central da morte de Jesus.

Jesus disse durante a ceia, ao levantar o cálice com vinho: "Este cálice é a nova aliança em meu sangue; todas as vezes que beberdes, fazei isto em minha memória" (1Cor 11,25). O próprio Senhor enviou seus discípulos para celebrarem a Eucaristia como *memorial* do acontecimento culminante da história da salvação.

A memória bíblica é mais que uma simples função do intelecto. Afeta toda a pessoa: uma referência ao passado que envolve o presente mediante o compromisso da celebração, da conversão, da fé, do louvor. A memória bíblica abraça todo o conjunto de acontecimentos do passado em que se encontram comprometidos Deus e o povo. Ambos se fazem presentes renovando essa relação e projetando esse acontecimento para o futuro.

Ao celebrar a ceia pascal de seu povo, Jesus tinha presente o significado e o potencial libertador do caráter memorial. "Lembra-te [...] das grandiosas provas que viste com teus olhos, os sinais e prodígios, a mão forte e o braço estendido com que o Senhor teu Deus te fez sair" (Dt 7,19). O termo "lembrar", em hebraico *zakar*, é um dos verbos mais repetidos, em suas diversas formas, no Antigo Testamento. Adquire o sentido de *proclamar, celebrar, festejar*. Um acontecimento salvador do passado, ao ser lembrado, é motivo de celebração litúrgica: "Lembra-te de que foste escravo no Egito" (Dt 5,15).

Como categoria cultual, o memorial celebra um acontecimento salvífico do passado, que se faz presente na própria celebração, no qual a comunidade que celebra o rito se insere. O termo hebraico *zikkaron* se refere a um acontecimento passado, mas é essencialmente uma categoria de atualização. "O Senhor não concluiu esta aliança com nossos pais, mas conosco que estamos hoje aqui, todos vivos" (Dt 5,3). O passado é arrancado de sua condição antiga e recebido então como "presente", isto é, como "dom de graça".

A celebração da ceia pascal judaica se converte em *memorial* ativo que anima o povo de Deus a lutar por sua liberdade e a se afastar de toda escravidão ao longo de sua história. Em cada geração, cada homem e cada mulher devem considerar a si mesmos como se ele(a) tivesse saído do Egito, pois está escrito: "Naquele dia explicarás a teu filho: 'Isto é pelo que o Senhor fez por mim ao sair do Egito'" (Ex 13,8). O Santo não apenas resgatou nossos pais, mas junto com eles nos redimiu também, como está escrito: "Ele nos tirou de lá para nos conduzir à terra que havia jurado dar a nossos pais" (Dt 6,23).

O êxodo permanece vivo na conduta de Israel. "Essa mesma noite do Senhor deve ser observada por todos os israelitas, por todas as gerações" (Ex 12,42). "Toda a comunidade de Israel celebrará a Páscoa" (Ex 12,47).

Jesus celebra a ceia pascal comemorando a saída do Egito com seus apóstolos e lhe confere um novo sentido. A força transformadora e revolucionária da Páscoa, agora, ele a aplica sobre o sacrifício iminente de sua entrega na cruz.

Antecipadamente, ele celebrou em forma de ceia pascal o que iria acontecer no calvário no dia seguinte: o seu sacrifício de expiação pelo pecado do mundo. Jesus institui o *memorial de sua Páscoa* (paixão, morte e ressurreição), a Eucaristia, como o sacramento por excelência que expressa o significado de sua entrega como cumprimento do projeto do Reino de Deus.

Participamos da Páscoa de Cristo fazendo memória, isto é, lembrando a Deus o sacrifício redentor de Cristo para que ele nos associe a esse acontecimento e renove a sua graça, por meio do gesto sacramental. Celebrar "o memorial do Senhor" significa, portanto, atualizar a presença de Cristo Ressuscitado, de modo que acontecimentos que historicamente pertencem ao passado se tornam de fato eficazes na vida do povo de Deus que celebra sua fé.

A Eucaristia tem um significado sacrifical; nela, o sacrifício do Filho acontecido na cruz permanece como memória viva no coração da comunidade. A Eucaristia é o sacrifício sacramental que tem como conteúdo uma ação de graças a Deus Pai, uma memória viva que torna presente o sacrifício do Filho; sendo, assim, a reatualização de sua própria presença sacramental na vida da comunidade de fé.

A Palavra não está aprisionada no passado, e, ao fazermos memória daqueles fatos na celebração, recordamos a Deus que sua ação salvadora é para sempre; por isso, nos tornamos contemporâneos daqueles acontecimentos, mesmo que historicamente eles tenham se dado só uma vez.

> Quando chegou a sua hora, viveu o único evento da história que não passa [...]. É um evento real, acontecido na nossa história, mas é único: todos os outros eventos da história acontecem uma vez e depois passam, engolidos pelo passado. O Mistério pascal de Cristo, ao contrário, não pode ficar somente no passado, já que pela sua morte destruiu a morte, e tudo o que Cristo é, fez e sofreu por todos os homens participa da eternidade divina, e por isso abraça todos os tempos e nele se mantém permanentemente presente. O evento da cruz e da ressurreição permanece e atrai tudo para a vida.[2]

Hoje

Na liturgia, passado e presente se encontram. A Igreja faz memória dos mistérios da vida de Cristo e torna-nos seus contemporâneos. Mistérios são todos os atos salvíficos protagonizados por Jesus neste mundo (perdoar, curar, abençoar, exorcizar...), como também os acontecimentos que envolvem a sua pessoa: encarnação, paixão, morte, ressurreição, ascensão... Eles nos modificam e atuam em nós ainda hoje; por isso os comemoramos na celebração do Ano Litúrgico.

---

[2] BENTO XVI, *Compêndio do Catecismo da Igreja Católica*, n. 1085.

"Através do ciclo anual, a Igreja comemora todo o mistério de Cristo, da encarnação ao dia de Pentecostes e à espera da vinda do Senhor."[3]

Exaltado junto a Deus e cheio de seu Espírito, a presença do Ressuscitado já não tem sucessão de tempo. Assim, vivemos em um contínuo *hoje*, um tempo novo de graça e de salvação, inaugurado por Cristo, na força do Espírito, e que se faz presente no meio de nós (cf. Mc 1,15). No tempo do Natal é comum ouvirmos expressões que mostram essa atualidade: "Celebramos a noite santa em que a Virgem Maria deu ao mundo o Salvador" (Or. Eucarística I); "Revelastes, hoje, o mistério de vosso Filho como luz para iluminar todos os povos" (Prefácio da Epifania); "Hoje, nas águas do rio Jordão, revelais o novo Batismo" (Prefácio: O Batismo do Cristo no Jordão).

A efusão de graça na celebração se une ao "hoje" proclamado por Jesus em várias passagens do Evangelho. Na sinagoga de Nazaré, Jesus tomou nas mãos o rolo e proclamou a profecia de Isaías: "O Espírito do Senhor está sobre mim porque ele me ungiu. Ele me enviou para anunciar a Boa-Nova aos pobres: para proclamar aos cativos a liberdade".

Ou, então, quando os anjos anunciam aos pastores: "Hoje, na cidade de Davi, nasceu para vós um salvador" (Lc 2,11); ou quando Jesus diz a Zaqueu: "Hoje a salvação chegou a esta casa" (Lc 19,9), ou ao ladrão arrependido: "Hoje estarás comigo no paraíso" (Lc 23,43). Com a mesma eficácia, a Palavra de Deus realiza, hoje, aquilo que anuncia como conversão, graça e salvação no coração daqueles que se reúnem em nome do Senhor.

Espírito Santo na liturgia

Em cada celebração sobrevém o derramamento do Espírito Santo que atualiza o único mistério. A liturgia continua em nosso tempo os gestos salvadores de Cristo.

> Vemos como ele se aproxima do cego no caminho (cf. Mc 10,46-52), quando dignifica a samaritana (cf. Jo 4,7-26), quando cura enfermos (cf. Mt 11,2-6),

---

[3] PAULO VI. *Normas universais do Ano Litúrgico e Calendário*, n. 17. Disponível em: https://fdocumentos.tips/document/normas-universais-sobre-o-ano-liturgico-e-calendario.html. Acesso em: 10 jan. 2021.

quando alimenta o povo faminto (cf. Mc 6,30-44), quando liberta os endemoninhados (cf. Mc 5,1-20). Em seu Reino de vida, Jesus inclui a todos: come e bebe com os pecadores (cf. Mc 2,16), sem se importar que o tratem como comilão e bêbado (cf. Mt 11,19); toca com as mãos os leprosos (cf. Lc 5,13), deixa que uma prostituta lhe unja os pés (cf. Lc 7,36-50) e, de noite, recebe Nicodemos para convidá-lo a nascer de novo (cf. Jo 3,1-15). Igualmente, convida seus discípulos à reconciliação (cf. Mt 5,24), ao amor pelos inimigos (cf. Mt 5,44) e a optarem pelos mais pobres (cf. Lc 14,15-24).[4]

Para que a Palavra de Deus realmente produza nos corações aquilo que se escuta com os ouvidos, requer-se a ação do Espírito Santo, por cuja inspiração e ajuda a Palavra de Deus se converte no fundamento da ação litúrgica e em norma e ajuda de toda a vida.

> Assim, pois, a atuação do Espírito Santo não só precede, acompanha e segue toda a ação litúrgica, mas também sugere ao coração de cada um tudo aquilo que, na proclamação da Palavra de Deus, foi dito para toda a comunidade dos fiéis; e, ao mesmo tempo em que consolida a unidade de todos, fomenta também a diversidade de carismas e a multiplicidade de atuações.[5]

O Espírito Santo atualiza os mistérios da vida de Cristo em cada celebração litúrgica, pois "A Palavra de Deus é viva, eficaz" (Hb 4,12). O que possibilita, hoje, a liturgia proclamar palavras criadoras que realizam o que dizem: "Levanta-te [...] e anda" (Jo 5,8); "teus pecados te são perdoados" (Mc 2,9). Como para o filho da viúva da cidade de Naim: "Jovem, eu te digo, levanta-te" (Lc 7,14), o mesmo disse à filha de Jairo (cf. Mc 5,41).

O mistério da salvação, que a Palavra de Deus não cessa de recordar e prolongar, alcança seu mais pleno significado na ação litúrgica. Assim, a Palavra de Deus é sempre viva pelo poder do Espírito Santo e manifesta o amor ativo do Pai. A Palavra nunca deixa de ser eficaz. Ela contém, realiza e manifesta a Aliança que Deus firmou com seu povo.

O *Catecismo da Igreja Católica* ensina: "O mistério pascal de Cristo é celebrado, não é repetido; o que se repete são as celebrações; em cada uma delas sobrevém o derramamento do Espírito Santo que atualiza o único mistério" (n. 1.104). Uma coisa é a Páscoa como acontecimento

---

[4] CELAM. *Documento de Aparecida*: texto conclusivo da V Conferência Geral do Episcopado Latino-Americano e do Caribe. São Paulo: Paulus/Paulinas, 2007, n. 353.
[5] *A MESA DA PALAVRA: elenco das leituras da missa*, n. 9.

histórico, no tempo de Pôncio Pilatos, ocorrido há dois mil anos, único e irrepetível, e, outra, a sua atualização hoje em dia na celebração da liturgia.

Jerusalém Celeste

Cada celebração litúrgica é uma manifestação parcial do Reino que antecipa a realização plena e definitiva do projeto salvador de Deus, a glória eterna que já é realidade na Jerusalém Celeste, até o dia em que Cristo, justo juiz, colocar os bons à sua direita e promover a ressurreição da carne, "para que Deus seja tudo em todos" (1Cor 15,28).

> Pela Liturgia da terra participamos, saboreando-a já, na Liturgia celeste celebrada na cidade santa de Jerusalém, para a qual, como peregrinos, nos dirigimos e onde Cristo está sentado à direita de Deus, ministro do santuário e do verdadeiro tabernáculo; por meio dela cantamos ao Senhor um hino de glória com toda a milícia do exército celestial, esperamos ter parte e comunhão com os Santos cuja memória veneramos, e aguardamos o Salvador, Nosso Senhor Jesus Cristo, até Ele aparecer como nossa vida e nós aparecermos com Ele na glória.[6]

No tempo do Advento, a liturgia retoma as profecias do Antigo Testamento que vislumbram uma nova terra e um novo céu e as veem cumpridas na segunda vinda de Cristo. "O Senhor acabou com a morte para sempre. Enxugará as lágrimas de todas as faces e, pela terra inteira, eliminará os vestígios da desonra do seu povo" (Is 25,8). "Julgará os fracos com justiça, com retidão dará sentença em favor dos humilhados da terra. Castigará o opressor com a vara. O bezerro e o leãozinho pastam juntos, uma criança pequena toca os dois e vai brincar no buraco da cobra venenosa" (Is 11,4.6c.8).

A celebração eucarística é tensão para a meta, antecipação do Paraíso, "penhor da glória futura". Por isso dizemos: "Anunciamos tua morte e ressurreição. Vem, Senhor Jesus!". Fazemos memória com a esperança da plenitude do futuro. "A Eucaristia é verdadeiramente um pedaço de céu que se abre sobre a terra; é um raio de glória da Jerusalém Celeste, que atravessa as nuvens da nossa história e vem iluminar o nosso caminho."[7]

---

[6] CONCÍLIO VATICANO II, *Sacrosanctum Concilium*, n. 8.
[7] JOÃO PAULO II. *Ecclesia de Eucharistia*: carta encíclica sobre a Eucaristia. São Paulo: Paulinas, 2003. n. 19.

Na comunhão de todos os santos no corpo de Cristo e por meio da celebração, nos unimos à *Igreja gloriosa*, ao canto pleno que se ergue na Jerusalém Celeste, no Trono do Cordeiro e com a Virgem Maria, os apóstolos, os santos e os fiéis falecidos que cantam diante do trono do Cordeiro.[8]

Unimos nossas pobres vozes à liturgia plena e incessante celebrada no trono do Cordeiro que é Cristo, com os cento e quarenta e quatro mil salvos, a multidão incontável daqueles que lavaram suas vestes nas águas do Batismo. "A salvação a nosso Deus, o que está assentado no trono, e ao Cordeiro" (Ap 7,10).

Assim, a Igreja peregrina neste mundo e a Igreja gloriosa proclamam um só louvor ao Pai, por Cristo e na força do Espírito. A tensão em direção às últimas realidades suscitada pela Eucaristia *exprime e consolida a comunhão com a Igreja celeste*.

Interação entre catequese e liturgia

Ao olharmos o conjunto da história da salvação, percebemos sua unidade e contínua progressão e, ao mesmo tempo, nos perguntamos: como eu faço parte dessa história? Uma história tão grandiosa, com patriarcas, profetas, apóstolos, mártires e santos, terá lugar para mim? A liturgia é o lugar para nós discernirmos a nossa vida e fazermos dela história de salvação.

A relação da liturgia com o tempo é muito peculiar. Na celebração litúrgica, as quatro etapas da história da salvação não acontecem de forma linear, mas uma se sobrepõe à outra. Salientamos, anteriormente, a continuidade dos fatos salvíficos do Antigo e Novo Testamento com sua realização na prática de Jesus. A progressão e unidade dessa história desembocam na convicta atualização do fato salvífico celebrado no tempo da Igreja, antecipando sua plenitude na eternidade. A liturgia é ação, é Deus agindo agora em nossa vida pela força do mesmo Espírito que conduziu Moisés, os profetas, Jesus, os apóstolos e os santos de todos os tempos.

No ciclo do Natal, a liturgia faz menção de três tempos que se justapõem e se entrelaçam, pois tratam do único mistério de salvação.

---

[8] Cf. CONCÍLIO VATICANO II, *Sacrosanctum Concilium*, n. 8.

Iniciamos o Ano Litúrgico no primeiro domingo do Advento, comemorando a segunda vinda de Nosso Senhor.

O Filho de Deus se encarnou na fraqueza da natureza humana: é *aquele que veio*. Ao morrer e ressuscitar, o Senhor está sentado à direita do Pai, onde celebra a plenitude do Reino na Jerusalém Celeste. Ele prometeu levar a efeito definitivamente o seu Reino quando colocar os bons à sua direita e os maus à esquerda; por isso, o Senhor Ressuscitado voltará novamente um dia como justo Juiz: é *aquele que virá*.

O Senhor vem todos os dias em nossa vida e nos faz participantes de sua glória celeste já neste mundo, mas não ainda em plenitude. Neste tempo, preparamos com alegre expectativa as duas vindas de Jesus Cristo, o Filho de Deus.

> Revestido da nossa fragilidade, ele veio *a primeira vez* para realizar seu eterno plano de amor e abrir-nos o caminho da salvação. Revestido de sua glória, ele virá *uma segunda vez* para conceder-nos em plenitude os bens prometidos que hoje, vigilantes, esperamos (Prefácio do Advento I).

A catequese, bem como a liturgia celebrada, deve ser um forte anúncio da continuidade histórico-salvífica, ou seja, precisa compreender o atual momento histórico dentro da dinâmica de salvação-libertação que começou desde o início da Criação, culminou na pessoa de Jesus Cristo e desde já está antecipando a plenitude, que acontecerá na eternidade.

Esse modo de ler a Palavra nos permite entender que é o próprio Cristo e o seu Espírito que agem em todos os tempos. Nossa história, à luz da graça e da manifestação deles, torna-se história de salvação em continuidade àquela dos patriarcas e profetas do Primeiro Testamento. Por isso, a Igreja afirma que, "quando se proclamam as Escrituras na celebração, é o mesmo Cristo quem as lê",[9] e é ele mesmo que confere a força transformadora à Palavra.

Esse modo de acolher o acontecimento salvífico despertará o catequista para perceber sua evolução, possivelmente, nos quatro tempos. Trata-se de uma leitura progressiva do mesmo fato que se vai desdobrando ao longo do tempo como veículo de salvação.

---

[9] Ibid., n. 7.

A título de exemplo citamos:

Preparação Antigo Testamento	Cumprimento em Cristo	Tempo da Igreja	Eternidade
A formação do povo de Deus no Sinai, assembleia – Ex 19,6	"Onde dois ou três estiverem reunidos em meu nome, ali estou eu, no meio deles" (Mt 18,20).	Assembleia litúrgica	"Foste imolado e compraste para Deus, pelo teu sangue, gente de todas as tribos, línguas, povos e nações e os transformaste em reino e sacerdotes" (Ap 5,9).
O leproso deve ficar isolado – Lv 13,1-2.44-46	Jesus cura o leproso – Mc 1,40-45	"Hoje se cumpriu essa passagem da Escritura que acabastes de ouvir" (Lc 4,21) Sacramento da Unção dos Enfermos	Vida eterna
O profeta Natã aponta o pecado de Davi – 1Sm 12,7-10.13	Jesus perdoa a pecadora arrependida – Lc 7,36–8,3	Sacramento da Penitência: "Eu te absolvo dos teus pecados..."	"Hoje estarás comigo no paraíso" (Lc 23,43).

Cordeiro pascal	Sacrifício na cruz Cordeiro que tira o pecado do mundo	Sacrifício eucarístico	Trono do Cordeiro (Ap)
Travessia do mar Vermelho	Sacrifício na cruz	Batismo Celebração eucarística	"Todos os que, pelo Batismo, forem sepultados... ressuscitem com ele para a vida."
Maná no deserto (Ex 16,1-17)	Multiplicação dos pães (Jo 6,1-13)	Celebração eucarística	"Sou eu o Pão Vivo que desceu do céu. Quem comer deste pão viverá para sempre" (Jo 6,51).

Cordeiro pascal

A morte de Jesus foi compreendida como sacrifício pascal e nos oferece o modelo exemplar dessa progressão.

Os judeus, com o banquete do "cordeiro pascal", celebram o memorial do êxodo. Tudo isso começou precisamente com o sangue do cordeiro, que marcou suas portas na noite trágica da saída do Egito, início de sua salvação. Esse grande acontecimento assinala a libertação do Egito, a Aliança com Javé no Monte Sinai, a travessia do deserto durante quarenta anos e a entrada na terra prometida.

Os cordeiros sacrificados pelos judeus não eram mais que a figura e o anúncio do "verdadeiro Cordeiro", que realizou com seu sangue a Páscoa autêntica, a Passagem ao Pai, que salvou o mundo e selou a Nova Aliança. "Cristo, nossa Páscoa, foi imolado. Ele é o verdadeiro Cordeiro, que tira o pecado do mundo" (Prefácio da Páscoa I).

A Páscoa de Cristo, sua entrega à morte pela humanidade, substitui e cumpre a Páscoa judaica. O Servo que o profeta Isaías anunciara (cap. 53), levado à morte como um cordeiro, é este Cristo Jesus que se solidariza com o ser humano até o fim. Ele é o sacrifício definitivo e verdadeiro de toda a humanidade: "Pela oblação (oferta) de seu corpo, pregado na cruz, levou à plenitude os sacrifícios antigos" (Prefácio da Páscoa V). Jesus é o novo cordeiro que tira o pecado do mundo, porque seu corpo foi entregue e seu sangue redentor derramado na cruz para perdoar todo pecado – "Eis o meu corpo, eis o meu sangue...".

Jesus glorioso é o cordeiro redivivo que recebe o louvor e a honra em seu trono, na Jerusalém Celeste (cf. Ap 15).

6 Configuração pascal

A liturgia, por meio de ritos e preces, nos coloca em perfeita comunhão com a Páscoa de Cristo. Todos os seus sinais, símbolos, preces e leituras nos direcionam para esse mistério, a fim de que sejamos transformados nele. Claro que os sinais e as situações humanas são diferentes: água, óleo, pão, vinho, bodas, enfermidade, morte, pecado... Cada sacramento e sacramental celebra a Páscoa, torna-a viva e atuante naqueles que a celebram de acordo com o sinal do mesmo sacramento.

Como o corpo à cabeça, a Igreja está continuamente unida a Cristo através dos sacramentos. Por eles a vida de Cristo difunde-se nos que creem. Ao sermos associados ao corpo de Cristo, por meio dos sacramentos da iniciação cristã – Batismo, Confirmação e Eucaristia –, também participamos de sua oferta ao Pai oferecendo a nossa própria vida!

Nele incorporados, somos "filhos no Filho" e juntos constituímos a família de Deus. Ninguém mais é estranho (cf. Ef 2,19-22), pois todos temos o mesmo Pai, a mesma vida, o mesmo destino. Assim, participamos da vida e da missão sacerdotal de Jesus Cristo. A Páscoa passa a ser vivida por todo discípulo.

Vamos analisar a *liturgia* que celebra esse mistério e, depois, nos perguntaremos como a IVC configura a pessoa nesse mistério e, em terceiro lugar, como a catequese e a liturgia nos educam e nos conformam no principal acontecimento de nossa fé.

Sacerdócio de Cristo

A Carta aos Hebreus aplica a Cristo o título de "Sumo Sacerdote". Mesmo que em seu tempo fosse tido como profeta, Jesus também é sacerdote, porque, na condição de Filho de Deus, se compadece das limitações humanas. Por isso, está perfeitamente *solidário* com a humanidade e totalmente *consagrado* à vontade de Deus. Com os seus braços abertos na cruz, ligou o céu à terra, uniu em si mesmo a humanidade com a divindade. *Jesus exerce o seu sacerdócio em favor do seu corpo; isto é, oferece a sua vida em favor da humanidade.* Por isso, ele é o sacerdote, o altar e a oferenda.

O sacrifício de Cristo na cruz é eterno, não passará nunca. Jesus continua a se oferecer pela nossa salvação. "[Jesus], já que permanece para sempre, tem um sacerdócio que não declina. Por isso pode salvar perfeitamente os que, por intermédio dele, se aproximam de Deus, visto que está sempre vivo para interceder em favor deles" (Hb 7,24-25).

Esse sacerdócio permanece vivo e é exercido na Igreja mediante os sinais sensíveis – água, pão, vinho, óleo –, para a nossa santificação.[1] Agora, por meio da liturgia, Cristo age na Igreja, torna presente a obra da sua redenção. *A liturgia é o lugar próprio e principal onde a comunidade dos que creem em Jesus Cristo se revela e se manifesta como Igreja, sacramento de unidade e meio eficaz de incorporação das pessoas a Cristo e à vida divina.*

A liturgia é a ação própria da Igreja que, em nome de Cristo, santifica e salva a humanidade. Por isso, "a liturgia é tida como o exercício do serviço sacerdotal de Jesus Cristo",[2] que se deu maximamente em sua oferenda na cruz. Esse sacerdócio é praticado e é comum a todo o Corpo místico, isto é, a nós que somos os seus membros.

A Igreja, enquanto marcada e selada "com Espírito Santo e fogo" (Mt 3,11), prolonga e manifesta Cristo ao mundo, pois continua no tempo a presença e a obra da Palavra que se fez nossa carne. Por meio de seu Espírito, Jesus realiza a obra de nossa salvação, que permanece viva e operante entre nós (cf. 1Cor 6,11).

> O mesmo e único Espírito guia e fortalece a Igreja no anúncio da Palavra, na celebração da fé e no serviço da caridade, até que o corpo de Cristo alcance a estatura de sua Cabeça (cf. Ef 4,15-16). Desse modo, pela presença eficaz de seu Espírito, Deus assegura até à parusia (segunda vinda de Cristo) sua proposta de vida.[3]

---

[1] Ibid., n. 7: "A liturgia é tida como o exercício do serviço sacerdotal de Jesus Cristo, no qual, mediante sinais sensíveis, é significada e, de modo peculiar a cada sinal, realizada a santificação do homem; e é exercido o culto público integral pelo Corpo Místico de Cristo, Cabeça e membros".

[2] Ibid., n. 7.

[3] CELAM, *Documento de Aparecida*, n. 151.

IVC e configuração pascal

A prática de Jesus de instaurar o Reino comporta a contradição da cruz como expressão do seu amor levado até ao fim; por sua vez, "um discípulo não é superior ao Mestre" (Lc 6,40). A vida cristã consiste na configuração existencial à cruz, ao dizer "sim" ao projeto de Deus e livremente assumindo a cruz como expressão de amor e de entrega da própria vida.

O acontecimento da Páscoa é a condição de nossa existência. Temos que experienciá-la para torná-la nossa Páscoa. Os sofrimentos que Cristo enfrentou por ter superado o legalismo, os preconceitos e as discriminações passam a ser igualmente vividos por nós. Claro, sempre com a garantia que o Pai nos dá. Assim como Jesus foi vitorioso sobre o mal e a morte, também nós o seremos.

Podemos, então, fazer as seguintes perguntas: *como fazemos parte do mistério da salvação em Jesus Cristo? O que acontece conosco? O que fica diferente em nós quando participamos desse mistério? Como somos iniciados nesse mistério?*

Em cumprimento ao mandamento do Senhor Ressuscitado, que enviou os discípulos a anunciar e batizar para agregar novos discípulos no Reino de Deus (cf. Jo 3,3-5), a Igreja continua batizando, derramando o Espírito Santo e fazendo memória do sacrifício de Cristo na cruz, com os sinais do pão e do vinho. "A *iniciação* cristã significa imersão em uma nova realidade. Essa realidade nova e inesperada à qual ela introduz é o *mistério de Cristo Jesus* em sua paixão, morte, ressurreição, ascensão, envio do Espírito Santo e retorno glorioso."[4]

Pelo Batismo, fomos definitivamente enxertados em Cristo. Somos de fato chamados e aceitos como discípulos e também configurados no mesmo destino de morte e de ressurreição do Senhor. "[Pelo batismo], se nos tornamos intimamente unidos a ele pela semelhança com sua morte, também o seremos pela semelhança com sua ressurreição" (Rm 6,5). Ao cobrir a pessoa com as águas, o rito batismal por imersão evidencia a imagem de ser sepultado com Cristo. Ao participarmos da morte e ressurreição de Cristo, somos chamados a uma comunhão plena e vital com o Mestre, que também é comunhão de missão e de destino.

---

[4] CNBB, *Iniciação à vida cristã*, n. 88.

O acontecimento pascal celebrado no rito batismal não é uma simples representação teatral. O termo: "por uma morte *semelhante*" é usado em sentido realista, como categoria de atualização entre a ação simbólica do banho batismal e o acontecimento salvífico da morte de Cristo. Não há distância entre eles, mas identidade; ambos formam um todo, constituem uma unidade, isto é, o sacramento.

Quem inicia os candidatos no Mistério salvador é, na verdade, o próprio Cristo juntamente com o Espírito Santo; eles são os verdadeiros mistagogos. O Batismo é ação de Cristo, porque ele é o protagonista do acontecimento pascal que se atualiza nesse sacramento.

A experiência de comunhão com Cristo vivida no Batismo não pode deixar de estabelecer vínculos e relações profundas entre o batizado e a Pessoa de Cristo. O mistério pascal atua em forma de selo que deixa sua marca no batizado. Batizados com Cristo, fomos feitos semelhantes à imagem do Filho de Deus (cf. Rm 8,29). "Na incorporação ao mistério pascal de Cristo, se vive a essência da Iniciação à Vida Cristã: é seu princípio, meio e fim. O interlocutor é conduzido à dinâmica treva-luz, pecado-graça, escravidão-libertação, morte-vida."[5]

Seguindo a analogia entre o mistério pascal e a efusão do Espírito, a Confirmação guarda relação com o Batismo, como aquele sacramento que perpetua, de algum modo, a graça de Pentecostes na Igreja. Pela Confirmação, somos ungidos, participamos mais intensamente da plenitude do Espírito Santo, de que Jesus é cumulado, a fim de que, por toda nossa vida, exalemos o bom odor de Cristo.[6] Por essa unção, recebemos o "selo" do Espírito Santo, que marca nossa pertença total a Cristo, para sempre, bem como a sua promessa de proteção divina. A Confirmação revela nossa condição de seres espirituais (cf. 1Cor 2,13–3,1; Cl 1,9) e que vivemos segundo os frutos do Espírito.

"Mas recebereis uma força, quando o Espírito Santo descer sobre vós, e sereis minhas testemunhas em Jerusalém, em toda a Judeia e Samaria e até os confins da terra" (At 1,8). "Deveis, pois, dar diante do mundo testemunho de sua paixão e ressurreição [...]. Sede, portanto, membros vivos dessa Igreja e, guiados pelo Espírito Santo, procurai servir a todos, à semelhança do Cristo, que não veio para ser servido, mas para servir."[7]

---

[5] Ibid., n. 97.
[6] Cf. BENTO XVI, *Compêndio do Catecismo da Igreja Católica*, n. 1.294.
[7] SAGRADA CONGREGAÇÃO PARA O CULTO DIVINO. *Ritual da Confirmação*. São Paulo: Paulus, 1998. Homilia, n. 22.

Como aperfeiçoamento e prolongamento do Batismo, a Confirmação faz com que os batizados avancem pelo caminho da iniciação cristã e pelo dom do Espírito, que capacita o indivíduo a viver as exigências do caminho pascal. Iremos viver da graça recebida desses dois sacramentos. "A graça da fé e a conversão pessoal ao seguimento de Jesus pertencem a uma dinâmica que percorre toda a nossa vida."[8]

Uma vez configurados no mistério pascal de Cristo, este é rememorado no sacrifício da Eucaristia, para que o fiel se associe a esse sacrifício, oferecendo a cada dia a sua vida. A nossa resposta de fé, de adesão à graça de filiação, será aperfeiçoada a cada participação no banquete eucarístico, quando ofereceremos nosso sacrifício espiritual unido ao sacrifício de Cristo. O culto espiritual exercido no dia a dia é tecido pelo nosso trabalho, pela vivência das bem-aventuranças com dignidade e testemunho. "Assim, a *Eucaristia* [...] realiza plenamente o que os dois outros sacramentos anunciam."[9]

A incorporação ao mistério pascal de Cristo por meio dos três sacramentos, que resulta em participação na natureza divina e na vida nova, constituirá a essência e o coração da Iniciação à Vida Cristã.[10] Dessa forma, a Páscoa que é de Cristo, nossa Cabeça, passa a ser assumida por todos nós, que somos os seus membros. O cristão vive o mesmo destino do Senhor, inclusive até a cruz: "Se alguém quer seguir atrás de mim, renuncie a si mesmo, carregue sua cruz e siga-me" (Mc 8,34).

Desde o dia do Batismo, em que fomos submergidos em Cristo, até a hora da morte, a última Páscoa do cristão, todo o caminho é uma vivência progressiva da Páscoa de Cristo comunicada a cada um de nós. Toda a vida cristã é concebida como um caminho para reproduzirmos a Páscoa de Cristo em nossa vida. Dessa forma, a liturgia, o Ano Litúrgico e todos os sacramentos têm a tarefa comum de produzir a configuração da pessoa na Páscoa de Cristo. Vamos de Páscoa em Páscoa, até a Páscoa derradeira.

---

[8] CNBB, *Iniciação à vida cristã*, n. 99; cf. também n. 102.
[9] Ibid., n. 132.
[10] Cf. ibid., nn. 96-97.

7 Penitência

Em seu tempo, Cristo perdoou os pecadores e condenou o pecado, mas nunca a pessoa. Seu olhar sempre foi de misericórdia, compreensão e estímulo para que as pessoas mudassem de vida.

Pelo Batismo, somos perdoados de todos os nossos pecados, inclusive do pecado original, isto é, aquele que provém de nossos primeiros pais e que já nascemos com ele. Mas, durante a vida, permanece nossa inclinação para o mal: somos fracos, cedemos à tentação da preguiça. A vaidade e a autossuficiência nos arrebatam e queremos ser mais do que os outros. Ainda crianças, já temos consciência de que não fazemos tudo corretamente.

> Uma vez que a vida nova na graça, recebida no Batismo, não suprimiu a fraqueza da natureza humana nem a inclinação ao pecado (ou seja, a *concupiscência*), Cristo instituiu o sacramento da Penitência para a conversão dos batizados que se afastaram dele pelo pecado.[1]

Todas as vezes que celebramos o perdão de Deus no *sacramento da Penitência*, recobramos a graça batismal perdida pelo pecado, participamos de sua Páscoa e somos reconciliados com Deus e com a Igreja. Há a bela citação de Santo Ambrósio para ressaltar a ligação entre Batismo e Penitência: a Igreja, "além da água, possui as lágrimas: a água do Batismo; as lágrimas da Penitência".

Todos necessitamos melhorar, corrigir nossos vícios e maldades, e sermos mais generosos, prontos para fazer o bem. Por isso, Jesus nos diz no começo do Evangelho de Marcos: "Completou-se o tempo e está próximo o Reino de Deus. Convertei-vos e crede no Evangelho" (1,15). Esse movimento interior e pessoal de arrependimento e de mudança de vida, considerado do mal para o bem, será a conversão pretendida.

---

[1] BENTO XVI, *Compêndio do Catecismo da Igreja Católica*, n. 297.

O perdão é a expressão máxima do amor, da bondade e da misericórdia. Por isso, duvida-se que, quem não vê pecado em lugar algum, conheça e experimente o amor. Deus quis perpetuar essa forma de amor através da Igreja. Por isso, após a ressurreição, entregou aos apóstolos essa missão: "Aqueles a quem perdoardes os pecados, eles lhes estão perdoados. Aqueles a quem retiverdes, estão retidos" (Jo 20,23). Deus é um Pai de misericórdia que está disposto a perdoar sempre. O que ele precisa é do mínimo aceno de nossa vontade para alcançar-nos com seu amor.

Sacramento da Penitência

O sacramento da Penitência renova a graça do Batismo, é uma ação do Espírito Santo. Se dizemos que o Batismo nos faz nascer para a vida nova na graça, a Reconciliação nos faz renascer para a graça que abandonamos por nossos pecados. O pecador, sozinho, tem dificuldade em retornar à vida nova; precisa da ação santificadora do Espírito para voltar ao verdadeiro caminho. Aqueles que se aproximam da Penitência obtêm da misericórdia divina o perdão da ofensa feita a Deus e, ao mesmo tempo, são reconciliados com a Igreja que feriram pecando.

A Igreja continua até hoje a missão de Cristo de perdoar, salvar e curar, para que todos alcancemos a felicidade plena junto do Pai. Pelo sacramento da Penitência, a Igreja manifesta o perdão de Cristo; o fiel se reconcilia com Deus e com os irmãos (a Igreja), com o sério propósito de se corrigir. Para receber esse sacramento, devemos dar alguns passos:

- *Exame de consciência:* refletir sobre o que fizemos de errado, quem ofendemos e o que deixamos de fazer pelo próximo. Faz-nos pensar em nosso projeto de vida, para analisar nossos objetivos. O que nos impede de prosseguir rumo à meta estabelecida? Quais atitudes devemos corrigir em nós e quais melhorar ainda mais? Prejudicamos alguém? Cumprimos nossas obrigações na família, na escola, no trabalho? Como entendo a relação com o(a) namorado(a)? Como trato o pessoal em casa? Que compromissos assumi com minha fé?

- *Arrependimento:* devemos ter a firme vontade de não cometer erros. Portanto, não basta conhecer nossas faltas; é preciso querer não repeti-las.
- *Confissão dos pecados (ato de contrição) e absolvição:* diante de um sacerdote, relatamos nossas faltas, sem omitir o que julgamos de gravidade. Ele, em nome de Cristo, nos acolhe em nossas fraquezas e nos orienta, dizendo quais os cuidados e o melhor caminho a ser tomado. Depois, informa a penitência que deve ser cumprida, como satisfação do mal cometido, pede para rezar o ato de contrição e, em seguida, reza a fórmula da absolvição.
- *Propósito de mudança e cumprimento da penitência:* cabe-nos cumprir o que o sacerdote nos indicou, a fim de reparar o mal que fizemos; para isso, devemos mudar de vida em coerência com a conversão do coração. A penitência ganha sentido quando se traduz em atos e gestos concretos; é, portanto, um exercício de luta contínua, de conversão diária diante de tudo que nos prende nas tramas do egoísmo.

A recompensa de confessar os pecados é nos tornarmos mais alegres e felizes, porque temos a certeza da amizade de Deus em nosso coração e da construção de um mundo mais humano e solidário.

8. Participação litúrgica

A finalidade da liturgia, segundo o Concílio Vaticano II, é a participação no mistério pascal de forma "plena, ativa, consciente, frutuosa, interna e externa". Recomenda-se, para favorecer tal participação, que "as cerimônias resplandeçam de nobre simplicidade, sejam claras na brevidade e evitem repetições inúteis; devem adaptar-se à capacidade de compreensão dos fiéis e não precisar, em geral, de muitas explicações".[1]

É pelo Batismo que o povo cristão tem o direito e o dever de participar da liturgia, porque esse sacramento nos associou ao tríplice ministério de Jesus: sacerdote, profeta e rei. Ele é o sumo e eterno sacerdote que uniu o céu e a terra com os seus braços abertos na cruz. É o nosso único mediador e sumo pontífice. Por isso, a liturgia é ação do povo batizado também considerado todo ele *sacerdotal*.

A participação litúrgica decorre da união da fé com a nossa vida. Implica uma postura fundamental: ter presente o que acontece em nossa vida, nossas atitudes e nossos desejos para serem iluminados pela morte e ressurreição de Jesus. Por isso, normalmente antes de começar uma celebração fazemos memória dos acontecimentos que envolvem a comunidade e das necessidades daqueles que vão celebrar.

A celebração litúrgica, tal como a catequese, leva em conta a experiência humana do catequizando, oferecendo sentido para a vida, luzes para o discernimento de suas atitudes, e, sobretudo, santificando. Nela, acolhemos a Palavra do Senhor, que questiona nossa maneira de ser e nos põe mais atentos ao que o Senhor deseja de nós.

Movimentos

A liturgia é o cume para o qual tende a ação da Igreja e, ao mesmo tempo, é a fonte donde emana toda a sua força [...]. Da liturgia, portanto, mas da

---

[1] CONCÍLIO VATICANO II, *Sacrosanctum Concilium*, n. 34.

Eucaristia principalmente, como de uma fonte, se deriva a graça para nós e com a maior eficácia é obtida aquela *santificação dos homens em Cristo e a glorificação de Deus*, para a qual, como a seu fim, tendem todas as demais obras da Igreja.[2]

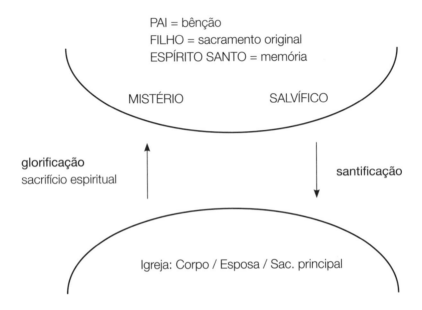

Descendente

A liturgia é fonte de graça. A participação litúrgica não pode ser aceita como algo comum, pois ultrapassa as categorias de um simples tomar parte em algo. Isso porque, na celebração, recebemos o Espírito Santo como princípio constitutivo de nossa participação.

Essa é a dimensão descendente: provém de Deus, que santifica o ser humano. Ao sairmos da igreja, a graça do Espírito continua conosco, nos acompanha e se encarna nas ações diárias de nossa vida. Ao celebrarmos, recebemos o essencial para a nossa vida: a salvação em Cristo, que nos alcança no momento atual pela força do Espírito Santo.

A liturgia continua no tempo a ação salvadora de Cristo para que as pessoas se assemelhem cada vez mais a ele, recebam o seu Espírito

---

[2] Ibid., n. 10.

e façam brilhar a sua glória com uma vida digna. Na celebração litúrgica, o mistério de Cristo é assimilado na ação de graças e na adoração, e, à medida que esse mistério nos é comunicado, a liturgia fundamenta e dá conteúdo à nossa existência de cristãos.

A liturgia celebrada continua no altar de nosso coração, de onde nascem as boas obras. É a liturgia da vida. Entretanto, permaneça longe de nós o ataque injurioso do Senhor contra aqueles que separam o culto de sua expressão na vida: "Bem profetizou Isaías a vosso respeito [...]: 'Este povo me honra com os lábios, mas seu coração se afasta para longe de mim. Em vão me cultuam, ensinando apenas preceitos humanos'" (Mc 7,6-7). Sem o real compromisso evangélico com o próximo, o culto se torna vazio e aparente.

Por isso, a melhor participação litúrgica é aquela que produz frutos de conversão! É impossível permanecermos indiferentes aos apelos do Senhor! À Palavra proclamada, a comunidade responde com fé; é a acolhida dócil para a comunidade se converter no povo da Nova Aliança. "Sede, contudo, praticantes da palavra e não apenas ouvintes" (Tg 1,22).

O fruto maduro da relação entre catequese e liturgia é a consciência de que a própria vida vai sendo progressivamente transformada pelos mistérios celebrados. Há que mostrar o significado dos ritos para a vida cristã em todas as suas dimensões: trabalho e compromisso, pensamentos e afetos, atividade e repouso.

Ascendente

Quando nos reunimos em assembleia, unidos à Trindade, oferecemos a Deus todo nosso ser. Alcançamos o ponto mais alto de nossa vida: o culto de louvor e ação de graças, que é muito mais que comprar, vender, pagar contas, ir ao teatro, comer ou beber... Entrando na igreja, levamos conosco as alegrias e angústias do mundo, para vivê-las com maior intensidade naquela relação particular com Deus e com os outros, que é a celebração eucarística.

É a ação do ser humano em direção a Deus, é a nossa iniciativa de prestar-lhe um culto de louvor com a nossa vida. Ali, glorificamos a Deus com tudo aquilo que permitiu realizar nossas mãos, inteligência e vontade. *A glorificação de Deus é a dimensão ascendente do culto que vai da comunidade ofertante ao coração do Pai.* Por isso, dizemos que a liturgia é o *cume* de nossa vida.

O ápice da participação litúrgica acontece durante a comunhão do fiel no corpo e no sangue do Senhor, a qual constitui a finalidade da celebração: "Quem come minha carne e bebe meu sangue permanece em mim e eu nele" (Jo 6,56).

Diz a Oração Eucarística III: "Olhai com bondade a oferenda da vossa Igreja, reconhecei o sacrifício que nos reconcilia convosco e concedei que, alimentando-nos com o corpo e o sangue do vosso Filho, sejamos repletos do Espírito Santo e nos tornemos em Cristo um só corpo e um só espírito".

O sacrifício da Igreja é o sacrifício do Cristo todo, cabeça e membros, apresentado ao Pai. O mesmo Espírito que transforma as oferendas do pão e do vinho no corpo e sangue do Senhor é aquele que transforma os ofertantes e o culto que oferecem em suas vidas no Corpo místico do Senhor. Essa realidade torna-se sacramental quando os fiéis comungam o sacramento do sacrifício de Cristo. Por isso a assembleia responderá: "Fazei de nós um só corpo e um só espírito!".

Dessa maneira, exercemos o sacerdócio comum dos fiéis, recebido no Batismo.[3] Compreendemos definitivamente que a participação consciente, ativa e frutuosa na liturgia consiste em oferecer a nossa vida unida ao sacrifício da entrega de Cristo na cruz. Jesus é sacerdote, uma vez que oferece sua vida pela salvação da humanidade.

Cristo nos associa em sua entrega ao Pai para a salvação da humanidade. Na Eucaristia, o sacerdote eleva o pão e o vinho consagrados e diz: "Por Cristo, com Cristo, em Cristo, a vós, Deus Pai todo-poderoso, na unidade do Espírito Santo...". A assembleia deverá responder com força e convicção: "Amém". O Cristo todo é oferecido ao Pai: cabeça e membros. Se, pelo Batismo, somos corpo de Cristo, então, no pão e no vinho eucarísticos, também somos oferecidos ao Pai.

> A Igreja, que é o corpo de Cristo, participa da oferta de sua Cabeça. Com Cristo, ela mesma é oferecida inteira. Ela se une à sua intercessão ao Pai por todos os homens. Na Eucaristia, o sacrifício de Cristo se torna também o sacrifício dos membros do seu Corpo. A vida dos fiéis, seu louvor, seu sofrimento, sua oração, seu trabalho são unidos ao de Cristo e à sua oferenda total.[4]

---

[3] Ibid., nn. 14 e 48. "O povo cristão, em razão do Batismo, tem direito e obrigação de participar das celebrações litúrgicas"; "aprendam a oferecer a si próprios, unidos a Cristo como mediador, e se aperfeiçoem na união com Deus e entre si".

[4] BENTO XVI, *Compêndio do Catecismo da Igreja Católica*, n. 1.368.

Oferecemos a ele nossa vida, nosso trabalho, nossos estudos e nossa oração para o bem dos outros, da família, dos doentes, enfim, de toda a humanidade, como uma oferta agradável ao Pai. Dessa forma, realizando a Páscoa de Cristo em nossa vida, estaremos mais próximos do coração de Cristo e nos tornaremos mais semelhantes a ele.

"Na celebração da missa os fiéis constituem o povo santo, o povo adquirido e o sacerdócio régio, para dar graças a Deus e oferecer o sacrifício perfeito, não apenas pelas mãos do sacerdote, mas também juntamente com ele, e aprender a oferecer a si próprios."[5]

Daí entendemos que a liturgia não é coisa que diga respeito exclusivamente ao sacerdote. Ela nos pertence em razão de nossa configuração em Cristo e do cumprimento do nosso Batismo na Eucaristia que celebramos. A graça da filiação divina recebida no Batismo comporta nosso compromisso de praticar a justiça e a caridade durante toda a nossa vida. Este é o nosso sacrifício unido ao de Cristo na celebração eucarística.

---

[5] INSTRUÇÃO GERAL SOBRE O MISSAL ROMANO. 3. ed. São Paulo: Paulinas, 2007, n. 95.

9
Assembleia litúrgica

A assembleia dos batizados que se reúnem para celebrar é uma realidade muito importante para o catequista desenvolver na catequese. Não se pode prescindir dela, pois essa categoria envolve elementos que a diferenciam de uma reunião para outras finalidades, como a assembleia de um condomínio, de uma ONG ou de alguma associação. Reunimo-nos para celebrar, para tornar célebre um acontecimento que julgamos ser o centro de nossa vida; por isso, não ficamos à toa nem estudamos naquela reunião. Celebrar implica sempre uma referência a um acontecimento que provoca uma recordação ou um sentimento comum.

Toda assembleia requer o ato de convocação, a presença de alguém que presida e as deliberações finais. Vejamos como se realizaram estes elementos, inicialmente, na assembleia do povo de Deus no Sinai, reunido sob a liderança de Moisés, prometendo cumprir a Aliança com Javé:

> Depois da saída do Egito, chegaram ao deserto do Sinai. Moisés subiu à montanha ao encontro de Deus. O Senhor disse: "Se ouvirdes minha voz e guardardes minha aliança, sereis para mim a porção escolhida entre todos os povos. Sereis para mim um reino de sacerdotes e uma nação santa". Moisés voltou e convocou os anciãos do povo, para lhes expor tudo o que o Senhor lhe havia ordenado. O povo inteiro respondeu a uma só voz: "Faremos tudo quanto o Senhor falou" (Ex 19,1-8).

A reunião do povo aos pés da montanha é o modelo de assembleia no Antigo Testamento. O povo é convocado, o Senhor fala e estabelece um pacto. O povo é elevado ao estado sacerdotal, pois tem estreita ligação com o Senhor e pode falar-lhe diretamente. O povo, por sua vez, escuta a promessa e adere a uma só voz. Israel se considera o povo da Aliança, que passa a celebrá-la no culto. No templo, o povo se reconhece como *assembleia litúrgica*.

As características de Israel do Antigo Testamento alcançarão sua plenitude no povo da Aliança nova e eterna. Pedro aplica à comunidade cristã as mesmas palavras que o Antigo Testamento (cf. Ex 19,6) aplica ao povo de Israel reunido em assembleia litúrgica ao pé do Sinai, para oferecer o sacrifício e derramar o sangue da Aliança. Além disso, Pedro insiste que os cristãos são nação, são povo e, acima de tudo, são "povo de Deus", como Israel. "Mas *vós sois uma raça escolhida, um sacerdócio real, uma nação santa, o povo de sua propriedade, a fim de que proclameis as grandes obras* daquele que vos chamou das trevas para sua luz maravilhosa. Vós, que outrora *não éreis povo*, agora sois Povo de Deus" (1Pd 2,9-10a).

A assembleia dos cristãos aparece no Novo Testamento imediatamente depois da glorificação de Jesus e da efusão do Espírito Santo (cf. At 2,42-47; 4,32-35). Em sua configuração inicial, desempenhou um papel decisivo a experiência pascal e eucarística refletida nos relatos das aparições de Cristo Ressuscitado (cf. Lc 24; Jo 20); porém, com o tempo, foi adotando o rosto próprio de cada lugar: a assembleia de Jerusalém (cf. At 16), a assembleia de Antioquia (cf. At 13,1-3), a assembleia de Trôade (cf. At 20,7-11), a assembleia de Corinto (cf. 1Cor 11; 14) etc.

O "povo de Deus" é "congregado" para "celebrar" e constitui a "assembleia local da santa Igreja", como primeiro sacramento da presença operante do Senhor, enriquecida com a promessa: "Onde dois ou três estiverem reunidos em meu nome, ali estou eu, no meio deles" (Mt 18,20).

A comunidade cristã é o verdadeiro templo da Nova Aliança. A Igreja tem a sua originária e mais clara manifestação quando se encontra reunida para a celebração litúrgica. A assembleia litúrgica manifesta, de forma mais plena, a Igreja – corpo de Cristo (cf. 1Cor 12,2), que acolhe o seu Senhor e faz memória de sua presença. As celebrações pertencem a todo o corpo. É o lugar próprio e principal onde a comunidade dos que creem em Jesus Cristo se revela e se manifesta como Igreja, sacramento de unidade e meio eficaz da incorporação das pessoas a Cristo e à vida divina.[1]

O Batismo é a porta de entrada para fazer parte da Igreja de Cristo, porque somos enxertados nele como membros do seu Corpo e participamos de sua Páscoa como membros do novo povo de Deus. A Igreja é a assembleia dos convocados em nome do Senhor para ser sinal de sua presença no mundo mediante a mesma fé, participando dos mesmos sacramentos (mesmo Batismo) e unidos de coração no amor de Cristo.

---

[1] Cf. CONCÍLIO VATICANO II, *Sacrosanctum Concilium*, n. 26.

"A principal manifestação da Igreja se realiza na plena e ativa participação de todo o povo santo de Deus nas celebrações litúrgicas, sobretudo na mesma Eucaristia, presidida pelo bispo, cercado de seu presbitério."[2]

Congregamo-nos como filhos na casa do Pai. A assembleia litúrgica é o ponto de encontro da comunidade cristã. Ao formar-se a assembleia, desaparecem os privilégios, pois somos todos igualmente queridos pelo Senhor. *Se somos membros ativos do corpo de Cristo, nos reunimos em assembleia para formar esse corpo, exercer nossa relação filial com o Pai e sermos santificados pelo Espírito.* Ali, "não há judeu nem grego, não há escravo nem livre; não há macho e fêmea, pois todos vós sois um, em Cristo Jesus" (Gl 3,28). Somos filhos convidados a assentar-se à mesa do banquete do Reino.

Não chegamos à celebração por acaso ou por conta própria. Fomos convocados pelo Pai para conhecer sua vontade e apresentar-lhe um culto de louvor com a nossa vida. Não estamos juntos apenas por motivos pessoais: me sinto bem, o padre me agrada, gosto dos cantos...

Deus Trindade nos acolhe incondicionalmente. Entrar na casa do Pai nos traz um conforto, pois a certeza do seu abraço, a força do Espírito e a presença de Jesus junto de nós são a garantia do carinho e do aconchego de que precisamos para seguir adiante.

Essa assembleia que se congrega no tempo da Igreja é antecipação da reunião na Jerusalém Celeste (cf. SC 8; LG 50). Toda celebração litúrgica é, portanto, comunhão com a Igreja celeste e participação, através do véu dos sinais, no louvor eterno de Deus e do Cordeiro (cf. Ap 5,6 etc.) e na intercessão do Sumo Sacerdote e mediador (cf. Hb 4,14-15; 7,25; 1Jo 2,1). "Foste imolado e compraste para Deus, pelo teu sangue, gente de todas as tribos, línguas, povos e nações e os transformaste em reino e sacerdotes" (Ap 5,9-10). No livro do Apocalipse, este é o canto que os vinte quatro anciãos entoam diante do Cordeiro e do trono de Deus. No mesmo livro, a comunidade de cristãos, que venceu as forças do mundo, é apresentada em uma grande celebração litúrgica: as vestes brancas, ou diademas, as palmas nas mãos, as harpas, os cânticos sálmicos, o incenso... são elementos que nos levam a pensar que o autor do Apocalipse entendia fundamentalmente a Igreja universal, novo povo de Deus, como *comunidade litúrgica* reunida para o louvor do Deus salvador.

---

[2] Ibid., n. 41.

Ritos iniciais da missa

Viemos de muitos lugares diferentes para formar a assembleia, somos protagonistas de lutas, trabalhos, estudo e amizade e entendemos que celebramos nossa vida em comunhão com a Trindade Santa.

Desde os ritos iniciais, a Igreja aparece visivelmente nas suas características essenciais: povo convocado por Deus no Espírito Santo, sob a presidência do ministro ordenado, reunido em torno das duas mesas: a da Palavra, em que se proclama a ação salvífica de Deus, e a da Eucaristia, em que se realiza o memorial do mistério pascal de Cristo.

Os ritos iniciais da missa têm a finalidade de criar comunidade e "fazer com que os fiéis, reunindo-se em assembleia, constituam uma comunhão e se disponham a ouvir atentamente a Palavra de Deus e celebrar dignamente a Eucaristia".[3]

É o Pai quem vai deliberar a sua vontade, e nos preparamos para seguir os seus caminhos, pois, tal como Pai amoroso, o Senhor nos apresenta caminhos de vida e de salvação para nos guiar. Por isso, acolhemos atentamente a Palavra proclamada como expressão de sua vontade.

O *Diretório para missas com crianças* recomenda:

> É perfeitamente permitido omitir um ou outro elemento do rito inicial, ou talvez desenvolver mais um deles. Porém, sempre haja pelo menos um elemento introdutório que seja concluído pela coleta. Na escolha, cuide-se que cada elemento apareça a seu tempo e nenhum seja sempre desprezado (n. 40).

Há que cuidar da proporção do tempo distribuído para toda a celebração e dedicar mais atenção à Palavra e à liturgia eucarística.

Muitas comunidades têm o costume de fazer *memória dos acontecimentos* de seu entorno e daqueles referentes às pessoas ali presentes. Rezamos com o coração em Deus e Deus em nós, sem deixar escapar nada de nossa vida. Tudo o que somos e temos estão ali presentes.

A *procissão de entrada* revela a condição da inteira comunidade que, guiada pela cruz e pela Palavra do Salvador, caminha em direção ao centro da celebração, isto é, o altar. E dessa procissão devem participar os principais ministros da ação eucarística: acólitos, leitores,

---

[3] INSTRUÇÃO GERAL SOBRE O MISSAL ROMANO, n. 46.

diáconos, sacerdotes etc. Todos esses representam, naquele momento, a inteira comunidade que ali se reúne, a qual, guiada pela cruz do Salvador, caminha em direção ao centro da celebração, isto é, o presbitério. Somos Igreja peregrina neste mundo a caminho da casa do Pai. Nosso destino é a Jerusalém Celeste. Caminhamos em nosso dia a dia com a convicção de que o Senhor nos precede, nos guarda e nos conduz como Bom Pastor.

Chegando ao presbitério e tendo venerado o altar, símbolo da presença do Senhor em meio à sua Igreja, cada um se dirige ao espaço que lhe compete, segundo o lugar que ocupa no povo de Deus.

As caminhadas e as procissões têm o intuito de fazer-nos vivenciar que somos povo da Aliança a caminho da casa do Pai; por isso, ele nos protege e está sempre conosco. Sugerimos que, caso seja possível, se organize uma pequena procissão até a igreja com os catequizandos e se celebre o rito inicial com seus elementos próprios. Para isso, deve-se escolher um canto de entrada com o tema da aliança ou sobre o povo de Deus, acender o círio, pegar a Bíblia e uma cruz grande.

É preciso também ajudar os catequizandos a compreender: por que essa reunião é diferente das outras, como a de torcida no campo de futebol, de festa de aniversário, reunião na rua... Por que a cruz e o evangeliário abrem a procissão de entrada na missa. Para onde a procissão de entrada se dirige. Além disso, há que ressaltar que caminhamos em busca de Deus, da plenitude de vida, longe das limitações que sofremos, e tal busca tem seu fim na Jerusalém Celeste.

10 Celebração eucarística

A Eucaristia é o sacramento que mais propriamente torna presente o memorial da Páscoa. Vamos destacar os aspectos mais significativos desta celebração para o aprofundamento catequético. Tomemos como referência quatro pontos da passagem dos discípulos de Emaús (cf. Lc 24,13-35), considerada o retrato da celebração eucarística da comunidade reunida (dois discípulos) na presença de Jesus.

Os *vv. 13-15* atestam que a cena se dá no primeiro dia da semana, o que mostra o costume dos primeiros cristãos de santificarem esse dia, como os judeus santificavam o sábado. Jesus ressuscitou nesse dia (cf. Lc 24,1; Mt 28,1), como também apareceu aos apóstolos exatamente nesse dia (cf. Jo 20,1.19.26; At 20,7); por isso, recebeu o nome de domingo, que deriva da palavra latina *Dominus*, que quer dizer "Senhor". Portanto, esse é o dia do Senhor (cf. At 2,20). Desde então, os cristãos fazem memória do Senhor nesse primeiro dia que lhe foi consagrado. Ao entender isso, o povo diz: "Domingo sem missa, não é domingo".

Os discípulos de Emaús também estavam desanimados, sem esperança, e caminhavam na direção contrária de Jerusalém. Os discípulos se mostram conhecedores das coisas acontecidas, mas Jesus é o único dos três que sabe seu verdadeiro significado. Por isso, a pergunta: "O que andais conversando pelo caminho?" tem um caráter pedagógico: a partir dela, ele os conduzirá ao entendimento de seu messianismo e projeto salvador.

Assim também a comunidade reunida para a celebração é sacramento da presença do Cristo ressuscitado, é imagem do seu corpo: "O próprio Jesus, tendo-se aproximado, pôs-se a caminhar com eles" (v. 15). O celebrante principal da Eucaristia é o próprio Cristo. Ele está presente no ministro ordenado, sacramento do Cristo-cabeça, e na assembleia, seu corpo eclesial.

Quando vamos para a celebração eucarística, levamos conosco as histórias e tudo o que acontece ao nosso redor, em nosso país e no mundo. Muitas vezes, esses fatos não são muito animadores: violência, morte, doenças, desemprego. Mas também há sucessos e alegrias para celebrarmos. É preciso fazer memória de nossa vida para em Cristo tomarmos outro rumo: "Seus olhos, porém, estavam impedidos de reconhecê-lo" (v. 16).

Viemos de muitos lugares diferentes para formar a assembleia, somos protagonistas de lutas, trabalhos, estudo e amizade, mas temos fé, somos o povo de Deus reunido pelo Senhor.

Em um segundo passo, nos vv. 16-27, diante do desânimo e da incompreensão dos discípulos, Jesus explica as Escrituras, "tendo começado por Moisés e passando por todos os profetas" (v. 27). No final do trajeto, os discípulos vão constatar: "Não estava ardendo nosso coração quando nos falava no caminho, quando nos abria as Escrituras?" (v. 32).

Comparando com a celebração eucarística, vamos identificar essa atitude de Jesus com a dos cristãos, que, reunidos em assembleia, agora, leem e interpretam as Escrituras.

"A missa consta, por assim dizer, de duas partes; a saber, a liturgia da Palavra e a liturgia eucarística, tão intimamente unidas entre si que constituem um só ato de culto. Há também alguns ritos que abrem e encerram a celebração."[1]

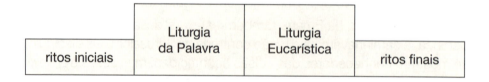

Liturgia da Palavra

A liturgia da Palavra deve, pela distribuição das partes a diferentes pessoas e a toda a assembleia, deixar transparecer que Deus está dialogando com seu povo. Para participar de uma conversa, é preciso saber falar e saber ouvir. Na missa, Deus nos fala e nós ouvimos; nós falamos e o Senhor nos escuta. A liturgia da Palavra é diálogo no qual o ser humano descobre que é importante para Deus, já que é para ele que Deus fala. E quando a gente dialoga com Deus, a vida não continua do mesmo jeito.

---

[1] INSTRUÇÃO GERAL SOBRE O MISSAL ROMANO n. 28.

Constantemente devo me perguntar: o que Deus está me dizendo através dos acontecimentos do mundo e daquilo que se passa a minha volta? Quanto tempo tenho dedicado para ouvir a Palavra do Senhor?

A Palavra de Deus nos ensina a viver da maneira que o agrada. Queremos fazer tudo o que o Senhor nos disser. Somos servidores da Palavra. Diante da Palavra, nossos atos e intenções se revelam bons ou maus. A Palavra instiga nossa conversão ao Reino, para que tenhamos sentimentos retos agradáveis ao Pai e deixemos de lado os caprichos, o orgulho e as necessidades passageiras. Essa Palavra irá nos julgar no fim dos tempos, como uma faca de dois gumes que penetra junturas e ligaduras e põe às claras a mentira do mundo e nossas falsidades (cf. Hb 4,12).

Apresente o ambão ou a mesa da Palavra para o seu grupo. Relembre os sinais que revestem a proclamação da Palavra e as atitudes de quem ouve e de quem a proclama. O ambão está relacionado com o altar e é diferente da estante simples, em que o comentarista atua. Igualmente, como lugar sagrado, não deve ser usado para avisos ou outros interesses, mas, sim, apenas para as leituras e a proclamação do Evangelho, bem como para a homilia (isso se o presidente não for falar de si mesmo). O ambão é considerado "a pedra do sepulcro", pois o próprio Senhor foi e é o primeiro a testemunhar sobre si mesmo.

É o lugar do mais importante anúncio cristão: ressuscitou! Aí o diácono canta o *Exultet* na noite de Páscoa. Aí o Evangelho e a Sagrada Escritura são proclamados. Aí o salmista canta o Salmo responsorial. Aí a homilia indica-nos a Parusia e o Juízo Final...

Há que preparar os catequizandos para acolher a Palavra de Deus, que exige algumas atitudes de nossa parte. Primeiramente, nós nos sentamos com calma e em atitude de quem vai ouvir uma notícia de salvação, de esperança. Estar sentados é sinal de acolhida e de escuta. Procuramos nos movimentar de acordo com o que os animadores nos sugerem. Mas nossa atitude interior é de concentração, atenção, adesão confiante ao Senhor. Entoamos os refrãos ou cantos, de preferência alguns versículos dos textos bíblicos lidos ou inspirados neles.

A *homilia* é o discernimento da vida da comunidade à luz da Palavra. Para que a Palavra de Deus realmente produza nos corações aquilo que se escuta, requer-se a ação do Espírito Santo, por cuja inspiração e ajuda a Palavra de Deus se converte no fundamento da ação litúrgica e em norma e ajuda de toda a vida.

Na sinagoga de Nazaré, Jesus tomou nas mãos o rolo e proclamou a profecia de Isaías: "O Espírito do Senhor está sobre mim, pois ele me ungiu, para anunciar a Boa-Nova aos pobres: enviou-me para proclamar a libertação aos presos". Depois enrolou o livro, deu-o ao servente e concluiu: "Hoje se cumpriu esta passagem da Escritura que acabastes de ouvir" (Lc 4,18.21). Com a mesma eficácia, a Palavra de Deus realiza, hoje, aquilo que anuncia como conversão, graça e salvação no coração daqueles que se reúnem no nome do Senhor.

Respondemos às leituras com a oração dos fiéis e concluímos com nosso "sim" à Palavra de vida, professando nossa fé na oração do Creio. Abrimos nossa lista de preces pelo bem da Igreja, do mundo e de nossas próprias necessidades.

Da mesa da Palavra, vamos à mesa da Eucaristia. Ambas existem para ensinar e alimentar os fiéis, e formam uma só mesa. A Palavra de Deus, lida e anunciada na liturgia pela Igreja, conduz à Eucaristia como a seu fim conatural. Por isso, "a Palavra de Deus e o mistério eucarístico foram honrados pela Igreja com a mesma veneração, embora com diferente culto".[2]

A liturgia da Palavra e a Eucarística estão tão intimamente ligadas entre si que instituem um só ato de culto. Temos a mesa do Pão da Palavra e a do Pão Eucarístico; ambas formam uma só mesa, um só alimento com igual dignidade.

Liturgia eucarística

Dando o terceiro passo com Jesus e os dois discípulos, os vv. 28-32 dizem que, "Quando ele estava reclinado à mesa com eles, tomou o pão, pronunciou a bênção, partiu-o e lhes entregou" (v. 30). Os quatro verbos repetidos por Jesus durante a multiplicação dos pães (cf. Mt 14,19), na última ceia (cf. Lc 22,19; Mt 26,27), mostram como ele dava graças; por isso, se formou o esquema que a liturgia eucarística segue:

Rito das ofertas	Ele *tomou* o pão... o cálice
Oração Eucarística	*Deu graças*
Rito da comunhão	*Partiu* o pão
Procissão da comunhão	*E o deu*

---

[2] *A MESA DA PALAVRA: elenco das leituras da missa*, n. 10.

a) *tomou o pão, o cálice*. Em toda celebração eucarística, *a obra da criação*, representada pelo trigo e a uva, se faz presente, sendo assumida por Cristo para ser transformada pelo *trabalho humano* (através do pão e do vinho) e apresentada ao Pai.

   Ao apresentar o fruto da terra resultante também do esforço humano, levamos ao altar todo sofrimento e tribulação do mundo, na certeza de que tudo é precioso aos olhos de Deus. O pão e o vinho são sinais sacramentais do sacrifício de Jesus na cruz, isto é, do seu corpo e do seu sangue.

b) *deu graças* (do grego *eucharistesas*, Eucaristia). Este nome passou a designar o memorial do Senhor logo no primeiro século cristão. A oração eucarística tem o sentido de bênção e de ação de graças ao Pai pela maravilha de sua criação e, principalmente, por tê-la levado à perfeição com a *redenção de Cristo* e pela *santificação com que seu Espírito nos conduz de volta a ele*.[3]

   Por isso, as orações da missa são dirigidas *ao Pai*, porque realizou a sua obra de salvação *por meio de seu Filho Jesus*; e, hoje, ao fazermos memória desse sacrifício, somos salvos *pela força do Espírito Santo*.

Toda a oração eucarística forma uma unidade e tem caráter consecratório; por isso não convém destacar com grande relevo o momento da elevação do pão consagrado ou do cálice com uso de campainhas, pois a grande elevação da oferta de Cristo ao Pai, associando a si a sua Igreja, seu corpo, se dá na conclusão da mesma oração com o "Por Cristo, com Cristo e em Cristo...".

c) *partiu o pão*. O gesto da fração do pão realizado por Cristo na última ceia, que no tempo dos apóstolos deu nome a toda a ação eucarística, mostra o valor e a importância do sinal da unidade de todos em um só pão. Muitos fiéis, pela comunhão no único pão da vida, que é o Cristo, morto e ressuscitado, formam um só corpo (cf. 1Cor 10,17). É também um gesto profético de caridade fraterna: quem come do pão que o Senhor reparte para nós compromete-se a repartir seu pão com os irmãos.

---

[3] Cf. BENTO XVI, *Compêndio do Catecismo da Igreja Católica*, nn. 1359-1360.

d) *deu*. Pela comunhão, os fiéis recebem o corpo e o sangue do Senhor, como os apóstolos o receberam das mãos do próprio Cristo.

A comunhão sacramental no sacrifício do Senhor é a maneira plena de o cristão participar da missa e alcançar a graça principal do sacramento: "Quem come minha carne e bebe meu sangue permanece em mim e eu nele" (Jo 6,56). A comunhão manifesta a unidade de todos, é o ato de receber o sacramento do seu corpo entregue e de seu sangue derramado para que nós sejamos transformados naquilo que recebemos. É o ponto culminante da participação litúrgica.[4]

Os *vv. 33-35* indicam o quarto passo, em que se diz que, "naquela mesma hora, levantaram-se e voltaram para Jerusalém". Os discípulos fazem o caminho de volta para Jerusalém, lugar do Ressuscitado. Recobram a coragem, porque seus olhos foram abertos e eles reconhecem o Senhor no sacramento.

Na missa (do latim *missio*, "missão"), somos povo convocado por Deus, reunido no amor de Cristo, na força do Espírito Santo, e enviado em missão. Podemos assim celebrar a memória do Mistério Pascal e nos tornar, cada vez mais, o que, como batizados, nunca deixamos de ser: o corpo eclesial de Cristo, chamado a ser na sociedade o sacramento da unidade de todo o gênero humano.

A maior compreensão das partes eucarísticas dar-se-á nos capítulos seguintes, em que se tratará da finalidade da Eucaristia, da presença de Cristo, com a vivência litúrgica dos gestos eucarísticos: lava-pés, partir o pão, dar graças, dar e pedir perdão.

---

[4] Para receber a comunhão: o modo mais expressivo é o de estender a mão esquerda, bem aberta, fazendo com a direita, também estendida, "como um trono" [...] para em seguida com a direita tomar o Pão e comungar ali mesmo, antes de voltar a seu lugar. Não se "pega" o Pão oferecido com os dedos – à maneira de pinças –, mas deixa-se que o ministro o deposite dignamente na palma aberta da mão.

Finalidade da Eucaristia

A Eucaristia é a celebração do sacrifício de Cristo na cruz. Nela o próprio Cristo se faz nosso alimento para comunicar-nos sua própria vida, sua nova aliança, e para edificar sua comunidade como seu próprio corpo.

Fazemos parte do corpo de Cristo pelo Batismo. Recebemos o corpo eucarístico de Cristo para formarmos um corpo unido, a fim de construirmos a comunidade de fé, que assume a missão do Evangelho. O efeito que a Eucaristia produz é a comunhão de todos com Cristo e entre si. Ao receber o corpo de Cristo na Eucaristia, juntos formamos o corpo de Cristo que é a Igreja, povo de Deus.

Ao recebermos o pão e o vinho eucarísticos, tornamo-nos unidos em Cristo. "Quem come minha carne e bebe meu sangue permanece em mim e eu nele" (Jo 6,56), assim como os ramos estão unidos à videira. Uma vez que fomos alimentados por Cristo com o Pão Eucarístico, somos transformados por ele em um só corpo.

Quando nos reunimos em assembleia para celebrar a Eucaristia, o sacerdote pede ao Espírito Santo para transformar o pão e o vinho no corpo e no sangue de Cristo e, logo em seguida, pede, novamente, para ele transformar o povo que celebra (assembleia litúrgica) no corpo de Cristo.

Assim, rezamos na Oração Eucarística III:

> Concedei que, alimentando-nos com o corpo e o sangue do vosso Filho, sejamos repletos do Espírito Santo e nos tornemos em Cristo um só corpo e um só espírito. Fazei de nós um só corpo e um só espírito.

O sacramento da Eucaristia, pão e vinho consagrados, existe para que os fiéis, em comunhão com o corpo sacramental de Cristo, possam alcançar o fim próprio e último da celebração eucarística: formação do corpo eclesial, edificação da Igreja. Uma vez que fomos alimentados por Cristo com o Pão Eucarístico, sejamos transformados por ele em um só corpo. Assim, como dizia Santo Agostinho: "Seja o que vocês veem no altar e recebam o que de fato vocês são: corpo de Cristo" (Sermão 272).

A presença no pão e no vinho é o meio que Cristo pensou para tornar possível nossa incorporação à sua vida de Ressuscitado e também nossa participação em sua nova aliança. O símbolo escolhido, o da refeição, é o melhor para exprimir a profundidade desse encontro interpessoal entre Cristo e sua comunidade. A ceia do Senhor nos faz entrar na dinâmica de sua Páscoa e de sua vida definitiva, alimentando-nos, assim, em sua marcha na história.

A passagem da videira e dos ramos (cf. Jo 15,4-6), juntamente com a imagem do único pão, ilustra o que se pretende com este sacramento. A videira possui um tronco largo e, a cada ano, produz ramos compridos em que brotam muitos cachos de uva. Cristo é o tronco, nós somos os ramos; dessa forma, formamos sua Igreja. A seiva que vem do tronco e alimenta os ramos é o Espírito de Cristo, que nos fortalece para produzir os frutos. Portanto, para isso, precisamos estar estreitamente unidos a Cristo, pela Eucaristia. Quais frutos ele espera de nós?

12. A presença de Cristo

A presença de Cristo na Eucaristia é real, física, mas somente a partir de sua existência de glorificado pode chegar à comunhão total com as pessoas. Cristo se identifica de modo misterioso com o pão e o vinho, que, pelo Espírito, são convertidos em seu corpo e sangue. É uma presença objetiva, feita realidade pela força do Ressuscitado e de seu Espírito. Na Eucaristia, *é o Senhor glorioso, Cristo Ressuscitado, que se torna presente a nós*.

Cristo está presente entre nós para nos fazer entrar em comunhão com ele. Podemos identificar sua presença na celebração eucarística nas seguintes condições:

Presenças exteriores à celebração:

- Nos acontecimentos do dia a dia, nos sinais dos tempos pelos quais o Senhor nos fala, nos chama à conversão.
- Nas pessoas que encontramos em nosso caminho – "toda vez que fizestes isso a um desses meus irmãos menores, a mim que o fizestes" (Mt 25,40).
- Na meditação da Palavra de Deus, verdadeiro sacramento, principalmente na prática da leitura orante.
- Na vida de oração íntima sob o impulso do Espírito Santo.
- Na habitação da Santíssima Trindade no coração dos batizados.

Presenças no interior da celebração:

- Na comunidade reunida, como primeiro sacramento – sinal eficaz –, o primeiro "lugar" da presença viva do Senhor: "Pois onde dois ou três estiverem reunidos em meu nome, ali estou eu, no meio deles" (Mt 18,20) –, formamos o corpo de Cristo. O "povo de Deus" é "congregado" para "celebrar"; chama-o também "assembleia local da santa Igreja", que está enriquecida com uma especial presença do Senhor, segundo sua promessa.

- Na presença do ministro, pastor da comunidade eclesial, e o visibiliza como cabeça da mesma comunidade. O presidente tem o ministério de fazer-se ver como Cristo Jesus, que é o autêntico presidente, mestre e sacerdote da comunidade. Atua na pessoa de Cristo, pois, na Igreja, Cristo batiza, lê as Escrituras e concede a graça do sacramento.

- Na Palavra proclamada, ele é a Palavra definitiva do Pai à humanidade; Cristo se dá a nós primeiro como Palavra salvadora, antes de dar-se como alimento eucarístico. É a "dupla mesa" à qual o Senhor ressuscitado nos convida. "Lembrem-se os fiéis de que a presença de Cristo é uma só, tanto na Palavra de Deus, 'pois quando se lê na Igreja a Sagrada Escritura, é ele quem fala' (e Cristo anuncia o Evangelho), como especialmente sob as espécies eucarísticas."[1]

Presença eucarística de Cristo:

- "Sob as espécies consagradas do pão e do vinho, Cristo mesmo, vivo e glorioso, está presente de maneira verdadeira, real e substancial, seu corpo e seu sangue, com sua alma e sua divindade."[2] Sua presença chega à plenitude na doação eucarística, mas já é real antes. A presença estritamente eucarística "chama-se real, não por exclusão, como se as outras não fossem reais, mas por antonomásia, porque é substancial, quer dizer, por ela está presente, de fato, Cristo completo, Deus e homem".[3]

Essa visão global da multiforme presença do Senhor em nossa vida e na celebração dos sacramentos, principalmente da Eucaristia, redimensiona a visão parcial de concentrar toda a atenção na presença do pão e do vinho que receberam a ação de graças. Leva-nos a valorizar toda a celebração como manifestação visível do Senhor Ressuscitado. Mostra a progressiva densidade de sua presença, que culmina em sua doação no pão e no vinho como refeição do Reino dada à sua

---

[1] A MESA DA PALAVRA: elenco das leituras da missa, n. 46. Cf. também INSTRUÇÃO GERAL SOBRE O MISSAL ROMANO, n. 29.
[2] BENTO XVI, Compêndio do Catecismo da Igreja Católica, n. 1.413.
[3] PAULO VI, Mysterium fidei: carta encíclica sobre o culto da sagrada Eucaristia, n. 46.

comunidade. Toda presença de Cristo é "real", pessoal, ativa, salvadora. Exatamente nesse conjunto de manifestações, brilha com luz própria a presença eucarística.[4]

Cristo presente no pobre

Certa vez, dom Helder foi convidado a fazer uma procissão em desagravo ao Santíssimo Corpo de Cristo, que tinha sido profanado em uma capela perto do mangue, na periferia do Recife. O assaltante, ao roubar a pobre capela, levou a âmbula e deixou cair pela rua barrenta as partículas consagradas. A população mobilizou-se e chamou o bispo.

Houve a procissão e a missa. No final, dom Helder disse, enfático: "Eu continuo vendo Jesus jogado no barro". Os presentes não entenderam. Então, ele repetiu por mais duas ou três vezes, cada vez com mais ênfase. Por fim, concluiu: "O Cristo continuará profanado enquanto vocês viverem amassando lama todos os dias, pois são desrespeitados em sua dignidade". O fato, relatado por dom Helder, ressalta as diversas presenças de Cristo tanto no culto como na vida.

---

[4] Cf. INSTRUÇÃO GERAL SOBRE O MISSAL ROMANO, n. 27.

13 Preparar a celebração

Prestamos um grande serviço à comunidade quando nos predispomos a bem preparar uma celebração. Assim, estamos ajudando a assembleia a rezar melhor e a manter-se focada no mistério de Cristo que nos é oferecido naquele momento. Nada nos deverá desviar dessa centralidade; tudo somente tem sentido porque ele está presente, nos dirige seu olhar e nos acolhe para dar o que precisamos.

Ao preparar a celebração, o grupo tomará consciência das partes da missa, do seu significado e da vida da comunidade que a envolve. O grupo constata que não basta a mera distribuição de tarefas ou a simples escolha de cantos, como muitas vezes ocorre. É preciso seguir os quatro passos indicados pela CNBB:[1]

- *1º passo:* situar a celebração no tempo litúrgico e na vida da comunidade. Aprofunde as características próprias do tempo litúrgico, que darão um estilo à sua celebração. Não se celebra do mesmo jeito na Quaresma ou no Tempo Pascal.

  Conhecer os acontecimentos marcantes da vida da comunidade, tanto os presentes quanto os que passaram: sociais, religiosos, da região, da comunidade, nacionais, internacionais etc., para enraizar a celebração no chão da vida. Ver outros acontecimentos de caráter mais existencial que situam a celebração, por exemplo, uma data especial, Dia da Bíblia, mês de maio, Dia das Mães, aniversários, os quais marcarão a oração dos fiéis, o rito penitencial, a homilia.

- *2º passo:* aprofundar as leituras. Ler com antecedência os textos bíblicos, procurando confrontá-los com os fatos enumerados. Convém iniciar pelo Evangelho, que é a leitura principal do mistério de Cristo celebrado; e, a seguir, a primeira leitura, o Salmo responsorial e a segunda leitura.

---

[1] Cf. CNBB. *Animação da vida litúrgica no Brasil*. São Paulo: Paulinas, 1989. nn. 213-227. (Documentos da CNBB, n. 43).

Opera-se, então, o confronto entre a Palavra de Deus e a vida, ajudado pelas perguntas: o que os textos estão nos dizendo? Que significam para a nossa vida? Como podem orientar nossa caminhada? Quais os desafios de nossa realidade hoje? Como ligamos a Palavra com o mistério celebrado?

- *3º passo:* exercício de criatividade. À luz dos passos anteriores – vida da comunidade, tempo litúrgico, Palavra de Deus –, procura-se, em um exercício de criatividade, fazer surgir ideias, mesmo sem ordem, à maneira de uma "tempestade mental". Selecionar depois as ideias a respeito de ritos, símbolos, cantos, para os ritos de entrada, o ato penitencial, o gesto da paz, a proclamação das leituras etc.
- *4º passo:* elaborar o roteiro da celebração. Passando em revista as diversas partes da missa, escolhem-se os cantos, os ritos etc., para cada momento, registrando tudo em uma folha-roteiro que servirá de guia para os diversos ministros.

Há de favorecer ao máximo a compreensão, a participação e a expressão dos fiéis. É importante que se crie um ambiente de interação entre os membros da assembleia, que se provoque o confronto entre a Palavra anunciada e as situações que a comunidade vive.

Desse modo, os fiéis poderão participar da organização da liturgia a partir da dinâmica da vida da comunidade: o recebimento das pessoas à porta da igreja, a anotação das intenções, a organização dos paramentos, a proclamação das leituras, a entrada da Bíblia, o recolhimento das ofertas... Até mesmo uma apresentação ou alguma mensagem à assembleia pode ser organizada, previamente comunicada e ensaiada de acordo com o Evangelho.

14 Vivências litúrgicas

Ao longo dos encontros, deverão ser apresentados pequenos exercícios com experiências, símbolos e celebrações, para propiciar uma educação litúrgica que capacite o catequizando a interiorizar os principais gestos da liturgia. O sentido profundo deles coloca o fiel em contato direto com o mistério de fé celebrado.

> A catequese litúrgica explica o conteúdo das orações, o sentido dos gestos e dos sinais, educa à participação ativa, à contemplação e ao silêncio. As fórmulas litúrgicas, particularmente as orações eucarísticas, são ricas de conteúdo doutrinal que expressam o mistério celebrado.[1]

Durante o percurso catequético, pouco a pouco, vai-se descobrindo a linguagem dos ritos, símbolos, gestos e posturas utilizados em uma celebração, os quais possuem um significado próprio, fundamentado na Bíblia; por isso, devem ser interiorizados e realizados com calma.

> [As crianças] experimentem, segundo a idade e o progresso pessoal, os valores humanos inseridos na celebração eucarística, tais como: ação comunitária, acolhimento, capacidade de ouvir, bem como a de pedir e dar perdão, ação de graça, percepção das ações simbólicas, da convivência fraterna e da celebração festiva.[2]

Referindo-se à preparação da vida eucarística, o *Diretório para missas com crianças* recomenda:

> Celebrações de várias espécies também podem desempenhar um papel na formação litúrgica e na sua preparação para a vida litúrgica da Igreja. Por força da própria celebração, as crianças percebem, mais facilmente, certos

---

[1] CNBB, *Diretório para a catequese*, n. 121.
[2] CONGREGAÇÃO PARA O CULTO DIVINO. Diretório para missas com crianças. In: ALDAZÁBAL, José. *Celebrar a Eucaristia com crianças*. São Paulo: Paulinas, 2008. pp. 26-27, n. 9.

elementos litúrgicos, como a saudação, o silêncio, o louvor comunitário, sobretudo se for cantado. Cuide-se, todavia, que estas celebrações não se revistam de uma índole demasiadamente didática.[3]

Os encontros deverão contemplar pequenas vivências que educam para a acolhida do outro, para saber ouvir a Palavra, partilhar a vida ou o modo de pensar, praticar a ação de graças, ser generoso e oferecer a vida como serviço de amor e de dom de si (lava-pés), pedir perdão, reconhecer a presença e o direito do outro. Atitudes como essas, em pequenas vivências, colocam o Evangelho em ação e realizam o sacramento em seu efeito primeiro como símbolo pertencente a este mundo. Naturalmente, trata-se de exercícios simples, mas que resgatam atitudes não muito praticadas hoje.[4]

Como fazer

A vivência litúrgica faz parte de uma educação que leva o catequizando a experimentar os sinais, tão simples e tão humanos da liturgia, não apenas como elementos deste mundo, mas, aos olhos da fé, também como realidades divinas que realizam o que significam.

Há que criar uma nova mentalidade de relacionamento com o símbolo. Eis a chance que a liturgia dispõe para abrir caminhos de fé e de esperança. Essa é a magia ou encantamento que o catequista produzirá ao sensibilizar o catequizando com símbolos domesticados pelo consumismo, que de agora em diante passarão a comunicar a graça do Espírito Santo no coração de quem crê e não obedecerão nenhum controle por quem os recebe.

Em sociedade tecnológica, qual é a importância de abordar os símbolos constituintes do ser humano? Cremos que os símbolos fundamentais da liturgia – água, luz, pão, sopro... – constituem uma reserva de mistério que sempre questionará o ser humano e aguçará sua capacidade transcendente de explorar o mundo. Eles refazem a nossa unidade interior, nos revelam de onde viemos e para onde vamos.

---

[3] Ibid., n. 13.
[4] O NUCAP fundamentou esta metodologia e ampliou as vivências litúrgicas. Cf. NUCAP. *Mistagogia*: do visível ao invisível. São Paulo: Paulinas, 2013.

É necessário ajudar o catequizando a entrar no *universo simbólico*; por exemplo, contemplar o mistério da luz de um círio que se destaca na escuridão da noite; admirar a Palavra criadora que tem o poder de fazer surgir a beleza da natureza ou intervir nas situações mais inusitadas da vida humana... Não se trata de explicar, mas de colocar o objeto ou a ação simbólica em um determinado contexto humano, bíblico e celebrativo, de modo que se possa apreender e viver o seu significado.

O catequista irá fazer vivências celebrativas para conhecer o que significam os ritos sacramentais, qual a sua finalidade ou, ainda, como eles nos colocam diretamente em contato com o mistério de Deus. Essa prática deixará a catequese mais orante, bíblica e simbólica. As propostas celebrativas com os símbolos da liturgia visam a uma educação contínua e progressiva, até alcançar a plena adesão ao mistério celebrado. O momento mistagógico fundamental é a própria celebração, o contato vivo com o mistério, a experiência pessoal e comunitária do dom divino.

A linguagem mistagógica é sacramental, ou seja, ela é eficaz e transformadora. A liturgia não é teatro, mas acontecimento de salvação. Por isso, os gestos são reais, e nada de usar bonecos ou fazer de conta... Ao celebrar, nosso modo de falar apresenta a realização do mistério. Nada mais impreciso do que nos referir aos mistérios com semelhantes expressões: este símbolo parece que, lembra, representa... Nossa linguagem deverá ser direta, performativa e convicta, pois Deus atua cumprindo suas promessas contidas na própria Palavra. Por exemplo: "Quem come minha carne e bebe meu sangue tem a vida eterna, e eu o ressuscitarei no último dia" (Jo 6,54). Não há por que vacilar. É Deus quem age.

Trata-se de celebrações que não têm um tom meramente didático, mas de algum modo já são cultuais, com orações que tornem fácil a passagem à plena celebração litúrgica. Ao preparar uma vivência litúrgica para um grupo, podemos imaginar a criatividade de um catequista dispondo apenas do texto da Palavra e do símbolo que quer celebrar. Por exemplo: a luz (círio), cântaro com água, um pão ou a bacia e as toalhas para o lava-pés.

Muitas vezes será necessário dedicar um encontro inteiro para realizar a vivência no grupo. Mais que celebrar o rito às pressas, o importante é não queimar etapas, para que o objetivo de sensibilização e de nova visão do símbolo seja alcançado.

A informalidade do grupo, como também o pequeno número de participantes, facilitará a desenvoltura e o clima familiar da celebração.

O catequista irá ajudar o catequizando a fazer a experiência daqueles símbolos empregados na celebração, para eles revelarem seus significados. Trata-se da construção do sentido que se concretiza passo a passo, daquilo que o símbolo revela imediatamente aos nossos olhos até chegar a seu significado final, que só alcançamos com a fé. Portanto, o catequista deve partir do visível para chegar ao invisível, juntando as passagens de diferentes livros que tratam daquele símbolo e procurando desenvolver uma visão unitária.

O método mistagógico foi recentemente apresentado pela *Exortação Apostólica "Sacramento da caridade"*, n. 64, do papa Bento XVI, e retomado pelo *Diretório para a Catequese*, n. 98. Daí emergem três elementos essenciais para se fazer mistagogia, aos quais acrescentamos o sentido cotidiano apenas por motivos pedagógicos.

1º passo: sentido cotidiano

Partir do sentido comum que o sinal possui na cultura atual. É mais natural partir daquilo que conhecemos para acrescentarmos outros significados ao gesto. Por exemplo: uso da água ou do óleo na sociedade, o que sua falta ou seu excesso proporciona, como estão dispostos na natureza, como interagem com o ser humano e os demais seres etc.

2º passo: memorial bíblico

Proporcionar o contato da Palavra de Deus com os sinais, para revelar o que eles protagonizaram na história da salvação e como hoje eles continuam eficazes na celebração. Diz o *Diretório para a catequese*, n. 98a: há que fazer "a interpretação dos ritos à luz dos eventos salvíficos, em conformidade com a Tradição da Igreja, relendo os mistérios da vida de Jesus, particularmente seu mistério pascal, em relação a todo o percurso veterotestamentário".

Aqui se aplica o que analisamos no capítulo "Unidade dos dois Testamentos". O exemplo mais didático deste passo encontramos na oração de bênção da água para o Batismo, porque essa oração descreve desde a água na criação, passando pelo dilúvio, pela travessia do mar Vermelho, pelo Batismo de Jesus, pela promessa da água viva para a samaritana, até à água que corre do coração de Jesus transpassado na cruz.

3º passo: sentido litúrgico

Mostrar como a liturgia celebra o sinal salvador, hoje, produzindo graça e salvação para aquele que o recebe. Essa Palavra é viva e eficaz (Hb 4,12), pois em cada celebração sobrevém o derramamento do Espírito Santo que atualiza o único mistério. Pela força do Espírito Santo, a liturgia e os sacramentos da Igreja continuam em nosso tempo a ação salvadora de Jesus que cura, abençoa, perdoa, expulsa o mal, parte o pão...

Diretório para a catequese, n. 98b, prossegue dizendo que é essencial a "introdução ao sentido dos sinais litúrgicos, de modo que a catequese mistagógica desperte e eduque a sensibilidade dos fiéis à linguagem dos sinais e dos gestos que, unidos à palavra, constituem o rito".

Assim, um pequeno gesto se transluz e se torna magnífico, porque cumpre a profecia da Palavra em nosso tempo como graça transformadora e efetiva do Espírito Santo na vida do cristão. Após a celebração da Palavra, o bispo crisma, dizendo: "Recebe, por este sinal, o Espírito Santo, Dom de Deus". A graça que o sacramento proporciona é fruto da promessa proclamada anteriormente na Palavra e atualizada na celebração pela força do Espírito Santo.

Toda ação litúrgica constitui um memorial da Páscoa; portanto, a vivência do símbolo ressalta a eficácia da atuação do Espírito Santo conforme a reflexão do capítulo "Memorial pascal".

4º passo: compromisso cristão

Ter presente que *este sinal requer uma fé consciente e responsável* com o dom recebido, pois sua finalidade é a vida nova em Cristo na dinâmica implantada pelo Reino. Há que "apresentar o significado dos ritos para a vida cristã em todas as suas dimensões, para evidenciar o elo entre a liturgia e a responsabilidade missionária dos fiéis, para fazer crescer a consciência de que a existência dos fiéis é gradualmente transformada pelos mistérios celebrados".[5]

---

[5] CNBB, *Diretório para a catequese*, n. 98c.

Elaborar o roteiro

A vivência parte de um elemento específico e cada um desses passos oferece uma gama de sentidos que, conjuntamente somados, possibilitam a nossa participação no mistério celebrado. Após analisar esses quatro sentidos do gesto ou elemento escolhido, o catequista irá redigir o roteiro de uma pequena celebração, cujo centro será a proclamação da Palavra adequada ao sentido e à aplicação desse símbolo. Essa celebração poderá contemplar:

- *rito inicial:* acolhida em nome da Trindade; pedido de perdão; oração;
- *liturgia da Palavra:* proclamação do texto bíblico; homilia interativa, na qual se comenta o sentido usual do símbolo, o sentido bíblico e sua aplicação ritual;
- *rito com aplicação do símbolo:* com prece dos fiéis e comentário sobre o compromisso gerado por aquele símbolo;
- *bênção final:* de acordo com o símbolo, essa sequência poderá ser diferente; trata-se de uma sugestão.

Preparar o ambiente e celebrar

Preparar um ambiente bonito, aconchegante, de acordo com o gesto a ser celebrado; um local em que as pessoas, de preferência em círculo, possam olhar-se umas às outras e criar uma comunidade de irmãos que se querem bem e que aproveitem estar ali. Por exemplo, se for uma vivência do lava-pés: preparar toalha de mesa; arrumar cadeiras, bacia, jarro com água e toalhas; e, se for possível, providenciar pão e vinho suficientes para todos partilharem no final.

Depois, *distribuir as tarefas*, como: providenciar o material necessário, definir quem irá proclamar as leituras, proferir as preces etc., e demonstrar segurança ao conduzir a celebração, uma vez que deve ter sido entendido seu objetivo e cada um dos seus passos.

Em seguida, *celebrar com o grupo o que foi planejado*, fazendo com que a celebração transcorra em um clima familiar e orante. Para isso, todos permanecem em silêncio e, em tom familiar, inicia-se a celebração com o canto de um mantra ou outro adequado. Prosseguir com o rito inicial, proclamar a Palavra, comentar o sentido usual do símbolo e dar o passo seguinte: mostrar o sentido bíblico, demonstrando como as promessas bíblicas se cumprem no rito litúrgico. Há que unir a Proclamação da Palavra com o sinal escolhido. Usando o mesmo exemplo do lava-pés, mostrar a ligação entre pão e vinho consagrados (corpo e sangue de Jesus), morte na cruz e serviço aos irmãos, como componentes de uma única realidade salvífica. Sempre perguntar, escutar e valorizar as intervenções dos participantes. Por que esse gesto faz parte da celebração da Quinta-feira Santa, quando celebramos a instituição da Eucaristia? Que atitudes Jesus propõe para quem quer ser seu discípulo?

Por fim, *realizar o gesto litúrgico*. Se os pais estiverem presentes, pode-se pedir que lavem os pés dos filhos e vice-versa, como também um catequizando lavar os pés de outro, colocando em prática o mandato de Jesus. O encontro da Palavra com o símbolo se desdobrará em súplica, louvor ou pedido de perdão. Nos diálogos transcorridos durante a celebração, naturalmente sobressairá o *compromisso vital* que nasce entre a ação divina e a resposta de adesão de nossa parte.

Nas páginas seguintes, apresentamos alguns gestos e elementos que deverão motivar a composição de roteiros de vivência em grupo. Para isso, seguir os quatro passos: não se intimidar, escolher um símbolo, aprofundar seus significados e seguir o roteiro da celebração anteriormente descrita. Criar e recriar.

Notar como a unidade entre Palavra e símbolo se adequará ao itinerário preestabelecido, produzindo uma conaturalidade entre a celebração e a reflexão catequética, sem sobressaltos.

15 Lava-pés

Normalmente, a função de lavar os pés era reservada aos escravos e, no caso de visitas, indicava um gesto de acolhida da parte do dono da casa. As esposas também costumavam lavar os pés dos esposos (cf. 1Sm 25,41). Até hoje, lavar os pés de uma pessoa é sinal de serviço, de humildade, de caridade.

Em João 13,1-17, às vésperas da Páscoa, durante uma ceia, Jesus levantou-se, depôs o manto e lavou os pés dos apóstolos. Tem início a Páscoa de Jesus. É chegada sua hora de passar deste mundo ao Pai, e esse momento é também de amor pelos seus discípulos.

Jesus lava os pés de todos os discípulos e não observa nenhuma ordem de procedência, pois o seu serviço alcança a todos indistintamente, inclusive a Judas. Trata-se, então, de um gesto que, mais que purificação e serviço humilde, sinaliza a entrega total de Jesus, que está à disposição da humanidade para servi-la. Ele é o servo que lava os pés da humanidade e na cruz, como o servo sofredor, se entrega para a salvação do mundo.

Pedro não entende o gesto de Jesus. Recusa-se a ver no Mestre a imagem do servo preconizada no Livro de Isaías. "Jamais me lavarás os pés" (v. 8). Antes, quando Jesus anunciou a sua paixão, ele já se tinha recusado a aceitar os sofrimentos de Cristo na cruz. Era-lhe muito mais própria a mentalidade de um Messias forte, poderoso e capaz de libertar o povo de toda opressão. Dessa maneira, o Mestre quer "incomodar" e nos revelar Deus como o servo da humanidade. Ele é servo não apenas porque lava os pés dos discípulos, como também porque dá a vida na cruz para salvar o mundo.

A questão não é lavar os pés do ponto de vista físico, mas deixar-se lavar por Jesus, que antecipa a sua "hora" para nos salvar. Ele se fez servo abaixando-se livremente por amor, para que todos possamos compreender que, na comunidade, ninguém se deve apresentar como patrão ou senhor.

Sentido litúrgico

O tríduo pascal, no qual se comemora a paixão, morte e ressurreição do Senhor, tem início na véspera da Sexta-feira Santa. A cruz, que será o centro da Sexta-feira Santa, tem início com o gesto da lavação dos pés na missa da noite da Quinta-feira Santa.

O Evangelho de João substitui o relato da ceia pela cena do lava-pés. O gesto de lavar os pés, o sacrifício da cruz e o sacramento memorial desse sacrifício – a Eucaristia – têm em comum o serviço humilde de amor e entrega pela humanidade e têm por fim antecipar o mistério da Páscoa. É uma "parábola sacramental" sobre a maneira como, na cruz, Jesus vai ser despojado até perder a própria vida pelos demais.

Compromisso cristão

Depois que Jesus retoma seu lugar na ceia, começa um diálogo com todos, pelo qual explica que seu gesto é exemplo a ser seguido. Sendo mestre e senhor, ele se faz servidor, mostrando que o servo não é maior que seu senhor, nem o apóstolo, ou seja, o enviado, maior que aquele que o enviou (cf. Jo 13,16).

Jesus entende sua vida e sua missão como serviço de amor à humanidade. Toda a sua maneira de viver revela que a felicidade do ser humano não consiste em grandeza nem em poderio; muito pelo contrário, as bem-aventuranças que proclamou e a simplicidade de sua vida apontam um caminho bem diferente, mesmo quando os discípulos disputam sobre quem seria o maior dentre eles. Somente é possível entender o lava-pés no seguimento de Jesus considerando suas atitudes em favor dos mais fracos da sociedade, sem nunca se afirmar com o poder.

16 Água

A água é ambivalente, simboliza a morte e a vida. Como fonte de vida, faz as matas ficarem verdes, os açudes matarem a sede do gado e as cidades consumirem milhões de metros cúbicos. Contudo, também tem um poder destruidor natural nas tempestades e enchentes, e sua falta ocasiona os desertos e as secas.

Universalmente, as religiões celebram a água como símbolo sagrado purificador, que traz vida nova e renova o mundo.

A Carta Encíclica *Laudato Si'*, do papa Francisco, faz um grande alerta sobre a questão da água:

> A água potável e limpa é indispensável para a vida humana e para sustentar os ecossistemas terrestres e aquáticos. As fontes de água doce abastecem os setores sanitários, agropecuários e industriais [...] em muitos lugares, a procura de água excede a oferta sustentável, com graves consequências a curto e longo prazo. [...] A pobreza da água pública verifica-se especialmente na África, onde grandes setores da população não têm acesso à água potável segura, ou sofrem secas que tornam difícil a produção de alimentos. Em alguns países, há regiões com abundância de água, enquanto outras sofrem de grave escassez (n. 27).
>
> Um problema sério é o da qualidade da água disponível para os pobres, que diariamente ceifa muitas vidas. [...] A diarreia e a cólera, devido a serviços de higiene e reservas de água inadequados, constituem um fator significativo de sofrimento e mortalidade infantil. Em muitos lugares, os lençóis freáticos estão ameaçados pela poluição produzida por algumas atividades extrativas, agrícolas e industriais, [...] os detergentes e produtos químicos continuam a ser derramados em rios, lagos e mares (n. 28).
>
> Uma maior escassez de água provocará o aumento do custo dos alimentos e de vários produtos que dependem do seu uso. Alguns estudos assinalaram o risco de sofrer uma aguda escassez de água dentro de poucas décadas, se não forem tomadas medidas urgentes (n. 31).

A água representa cerca de 60% do peso de um adulto. Ela é o elemento mais importante do corpo e o principal componente das células.

Um ser humano pode ficar semanas sem ingerir alimentos, mas passar de três a cinco dias sem ingerir líquidos pode ser fatal. Os especialistas recomendam que a gente beba no mínimo 2,5 litros por dia. Lembremos que fomos formados no ventre materno banhados pelo líquido amniótico e que nascemos quando se rompem as águas. Submergir significa retornar à fluidez amniótica do útero, regressar à noite do inconsciente. As águas desfazem todas as formas, dissolvem a vida e possibilitam, assim, a nova criação.

Sentido bíblico

Na Sagrada Escritura, a água é veículo de salvação. Três temas comuns se articulam a partir do papel primordial que ela exerce: água como fonte e origem da vida, como meio de purificação e como centro de regeneração corporal e espiritual.

"No princípio, Deus criou o céu e a terra. A terra era sem forma e vazia, e sobre o abismo havia trevas, e o espírito de Deus pairava sobre as águas" (Gn 1,1-2). A água da vida está na origem do mundo, o Espírito Santo pairava sobre as águas, infundindo nelas a vida dos seres (cf. Gn 1,2.6-10; 1,21-22). Ela também é capaz de purificar: a arca de Noé flutuou sobre as águas do dilúvio, sepultando os vícios da humanidade (cf. Gn 6,9–9,28). Encontramos aí a prefiguração do nascimento da nova humanidade, de modo que a mesma água sepultasse os vícios e fizesse nascer uma humanidade nova.

A saída dos hebreus do Egito culminou na travessia do mar Vermelho, quando eles se viram perseguidos e o mar se abriu. Com isso, o atravessaram a pé enxuto. Este é o ato poderoso do Deus de Israel, quando foram libertados da escravidão a que eram submetidos no Egito (cf. Ex 14,15-22). Assim, o povo de Israel tomou consciência de que o Senhor o salvou com braço forte e mão estendida e que, sem sua ajuda, jamais teria conseguido libertar-se da escravidão.

Para o homem bíblico, a água, particularmente contemplada no orvalho, nas chuvas e nos rios, é agente de fertilização de origem divina, que traz consigo a fecundidade e torna manifesta a própria bondade do Criador. Sem água, o povo peregrino pelo deserto rapidamente encontraria a morte, maltratado pelo sol intenso (cf. Ex 17,1-7).

As Sagradas Escrituras descrevem a manifestação de Deus como chuva que encharca a terra, e ele mesmo é comparado ao orvalho que faz florescer o deserto (cf. Dt 32,2; Os 6,3;14,6). O homem justo, por sua vez, é semelhante à árvore sempre vicejante, plantada junto às águas correntes (cf. Sl 1,3). No coração do homem sábio reside a água, de modo que suas palavras têm a força de um manancial (cf. Pr 18,4; 20,5).

No mistério de Cristo, a salvação nos é comunicada por meio da água. A água é santificada quando Jesus desce ao rio Jordão para ser batizado; ali é consagrado como servo pelo Espírito Santo, para sua missão (cf. Mc 1,9-11).

A água produz o novo nascimento (regeneração): pela água e pelo Espírito, Jesus afirma a Nicodemos que é necessário nascer de novo para o Reino (cf. Jo 3,1-15). Esse nascimento não deve ser compreendido em nível biológico, pois não se dá na carne, mas no Espírito.

À beira do poço, em diálogo com a samaritana, Jesus se revela como aquele que nos pode oferecer a água que realmente sacia nossa sede, porque, em nosso interior, converter-se-á em manancial sempre vivo: "Aquele, porém, que beber da água que eu lhe der, nunca mais terá sede, pois a água que eu lhe der tornar-se-á nele fonte de água jorrando para a vida eterna" (Jo 4,14). A expressão "água viva" significa, primeiramente, "água corrente" (cf. Gn 26,19), mas seu significado não para aí. Ela também representa o dom do Espírito que Jesus dará aos que nele creem (cf. Jo 7,37-39).

Um dos soldados fere o lado de Jesus com a lança, de onde saiu sangue e água (cf. Jo 19,34). Nisso, o evangelista vê o cumprimento da profecia: "Olharão para aquele que traspassaram" (Jo 19,37), que remete a Zacarias 12,10, um oráculo de salvação que se refere a uma figura enigmática, uma vítima pela qual vem a salvação, mesma ideia que se encontra no oráculo do Servo Sofredor, em Isaías 52,13–53,12. No interior do próprio Evangelho, João 19,37 reenvia para João 3,14-15.

Sentido litúrgico

No rito do Batismo, a oração da bênção da água, depois de fazer memória da água como instrumento de salvação, invoca a ação do Espírito Santo e enumera os efeitos de graça que proporcionará naqueles que nela se banharem: "*Que o Espírito Santo* dê por esta água a graça de

Cristo, a fim de que homem e mulher, criados à vossa imagem, sejam lavados da antiga culpa pelo Batismo e renasçam pela água e pelo Espírito Santo para uma vida nova".

Igualmente, no rito oriental armênio, esta bênção invoca a ação santificadora de Cristo e do Espírito, suplicando as virtudes que se produzirão no batizando:

> Suplico-vos que envieis vosso Espírito Santo sobre esta água. Santificai-a †, abençoai-a †, ó Senhor, nosso Jesus Cristo, como santificastes o rio Jordão com a vossa presença. Vós que sois santíssimo e modelo do renascimento de todo ser humano pela fonte batismal, concedei que esta água, na qual é batizada esta criança, seja para ela remissão dos pecados e recepção do vosso Espírito Santo, da graça da filiação divina e da herança do Reino dos céus.
>
> Purificada de seus pecados, viva conforme a vossa vontade e receba os bens eternos da vida futura. Feliz e agradecida, vos glorifique eternamente com o Pai e o Espírito Santo, agora e sempre, pelos séculos dos séculos.

A pessoa não recebeu um banho comum, pois este a redimiu de seus pecados, infundiu-lhe o Espírito Santo, tornou-a filha de Deus e herdeira do Reino. A força do memorial de salvação torna a água portadora da graça do Espírito.

A renovação das promessas batismais retoma o rito que é feito imediatamente antes do Batismo, que consiste na renúncia ao mal e na profissão de fé no Deus vivo de Jesus Cristo, na força do Espírito Santo, com o compromisso de viver como filhos de Deus neste mundo. Jesus é nossa referência de quem luta e vence o mal e é obediente ao Pai. Jesus é fiel até o fim à realização de sua missão como servo, superando as tentações.

Compromisso

O ideal da vida cristã consiste em ser em plenitude o que já se é pelo Batismo: "Exorto-vos a que leveis uma vida digna da vocação à qual fostes chamados" (Ef 4,1). O Batismo deve encontrar seu prolongamento na vida, aliás, a vida cristã consiste em aprofundar sempre mais a graça do Batismo: a beleza da graça batismal exige crescimento, tarefa que nos ocupa durante toda a nossa existência.

São Paulo apóstolo explica: "Ou ignorais que quantos fomos batizados em Cristo Jesus, em sua morte fomos batizados? Pelo batismo, fomos sepultados com ele na morte, a fim de que, assim como Cristo foi ressuscitado dos mortos pela glória do Pai, também nós caminhemos em uma vida nova" (Rm 6,3-4; cf. também Cl 2,12). Essa vida nova requer conversão contínua para o Reino, o que implica renunciar a tudo que contraria o espírito das bem-aventuranças.

O rito da renovação das promessas batismais consta do ato de renúncia ao tentador e às suas seduções, seguido da profissão de fé que culmina na aspersão da água. "A palavra 'renunciar', empregada para renegar o mal, poderá ser substituída por outra expressão equivalente, como: 'lutar contra', 'deixar de lado', 'abandonar', 'combater', 'dizer não', 'não querer'."[1]

Igualmente, no *rito da Confirmação*, antes de o bispo crismar, os eleitos renovam as promessas batismais, visto que a Crisma é um novo derramamento do Espírito, para o fiel ter forças de viver com dignidade o projeto de vida do seu Batismo.

Também podemos renovar as promessas batismais antes de receber a primeira comunhão. Na profissão perpétua na vida religiosa, os candidatos também renovam as promessas batismais.

---

[1] RITUAL DO BATISMO DE CRIANÇAS. São Paulo: Paulus, 1999, n. 140.

17 Óleo/crismação

Sentido cotidiano

Produto natural, mas também cultural, o óleo tem larga aplicação na alimentação, na proteção da pele, nos tratamentos de beleza, na lubrificação dos carros etc. Na cultura mediterrânea, o óleo de oliva é um produto básico que nutre, cura, amacia, ilumina. No Brasil, contamos com uma incrível diversidade de palmeiras: babaçu, dendê, açaí, carnaúba, e de outras árvores como a andiroba, cujos frutos originam óleos para uso industrial, farmacêutico, cosmético, culinário.

O óleo amacia, fortifica a pele; torna a pessoa mais ágil (unção dos atletas e dos lutadores); é sinal de cura, pois ameniza as contusões e as feridas; e faz irradiar beleza, saúde e força.

Sentido bíblico

No tempo do profeta Elias, houve uma grande crise de fome. O profeta, então, se hospeda na casa de uma viúva que morava em Sarepta e promete a ela: "A vasilha de farinha não acabará e a jarra de azeite não diminuirá, até o dia em que o Senhor enviar a chuva sobre a face da terra" (1Rs 17,14). O óleo, nos tempos bíblicos, era considerado essencial para a sobrevivência, como também sinal de abundância e de alegria (cf. Sl 133[132]).

Em Israel, a unção era um rito sagrado. Ungiam-se os sacerdotes, os profetas (cf. 1Rs 19,16), os reis (cf. 1Sm 16,13), a Tenda (cf. Ex 30,25ss), a arca, a mobília da Tenda. Como sinal de consagração, o óleo está sempre associado à ação do Espírito Santo, que elege uma pessoa para uma missão. Tal como o óleo derramado, o Espírito penetra em seu interior, cumulando-o com seus dons e imprimindo definitivamente a sua marca. Portanto, ser ungido significa eleição divina. "Samuel tomou um pequeno frasco de azeite, derramou-o sobre a cabeça de Saul e beijou-o, dizendo: 'Com isto o Senhor te ungiu como príncipe do seu povo, Israel" (1Sm 10,1). Repete o gesto, agora consagrando Davi como rei: "Samuel tomou o chifre com azeite e ungiu Davi na presença de seus irmãos. E a partir daquele dia, o espírito do Senhor começou a ser enviado a Davi" (1Sm 16,13). O próprio Davi se recusou a matar Saul porque, como rei, era considerado uma pessoa sagrada (cf. 1Sm 24,7.11 e 26,9).

Jesus é chamado de Cristo, do verbo *crio*, "ungir", que deu origem ao termo *Cristós*, "o Ungido", equivalente a "Messias" em hebraico. "Tendo sido batizado, Jesus saiu da água e, nesse momento, os céus se abriram e ele viu o Espírito de Deus descer como pomba e vir sobre ele. E uma voz do céu disse: 'Este é meu Filho Amado, nele me comprazo'" (Mt 3,16-17).

Jesus é ungido, não por mãos humanas, mas diretamente pelo Pai; é manifestado como Filho. O Espírito Santo vem sobre ele e nele se cumpre a profecia: ser o Servo de Javé que atrairá sobre si as dores do povo, conforme Isaías 42,1. Assim, eleição, unção e missão andam juntas.

O próprio Jesus aplica a si a profecia de Isaías: "O Espírito do Senhor Deus está sobre mim, porque o Senhor me ungiu" (Is 61,1). O autor da Carta aos Hebreus afirma que Deus ungiu seu Filho com o perfume da alegria (cf. Hb 1,9). Paulo assegura que Deus nos ungiu em Cristo (cf. 2Cor 1,21).

O óleo da oliveira também era usado como nutrição e remédio: passando-o sobre os ferimentos, preservava o corpo de uma infecção. Confirma este uso a parábola do bom samaritano: "Tendo-se aproximado dele, enfaixou suas feridas, derramando óleo e vinho" (Lc 10,34).

Sentido litúrgico

1. A unção, com o chamado *óleo dos catecúmenos*, é realizada no peito e em outras partes do corpo, antes do banho batismal. Essa unção evidencia a força divina que deverá tomar conta inteiramente do candidato, preparando-o para a luta. Deverá aderir a Cristo na fé e lutar com Satanás no fundo das águas. Deverá ser ágil na luta, como o mesmo Senhor o foi uma vez para sempre na vitória pascal. Morrerá com Cristo para o pecado e, assim, ressurgirá participando de sua vitória.

Unção pós-batismal: essa unção, optativa, é feita no alto da cabeça. A pessoa é ungida para, como membro de Cristo e da Igreja, continuar a missão de Cristo hoje. A missão é tríplice: *sacerdotal* (oferecer a vida a Deus e aos irmãos no serviço de cada dia), *profética* (pelo exemplo de vida e pelo testemunho da palavra, manifestar o novo ser que pelo Batismo vestiu-se) e *real-pastoral* (esforçar-se para aceitar e amar a Cristo Senhor).

2. A liturgia apresenta o óleo como portador da salvação de Deus para a comunidade, assim como diz o bispo na crismação: "N. recebe por este *sinal* (a cruz traçada com o óleo) o Espírito Santo, Dom de Deus". Com a nova consagração pelo crisma, realiza-se um fortalecimento, um robustecimento, uma intensificação, uma plenitude da graça para o crismado viver a maturidade da fé.

3. O óleo dos enfermos é sinal de força e de ajuda do Espírito para superar a debilidade do pecado e da doença.

Compromisso

O óleo do santo crisma ilustra o nome de "cristão", que significa "ungido" e que tem origem no próprio nome de Cristo, ele que "Deus ungiu com Espírito Santo" (At 10,38).[1]

Na Confirmação, a unção é feita na testa, para expressar o selo e a marca do Espírito de Cristo, a fim de ser testemunha dele no meio do mundo.

Viver a Confirmação significa participar da comunidade, comprometer-se com a vida da Igreja, ser sal e luz no coração da própria família e atuar nas lutas transformadoras da sociedade. Receber o sacramento da Crisma é assumir a proposta de Jesus.

Na linguagem bíblica se associa muitas vezes o perfume com a unção. Com o óleo perfumado, passa-se facilmente ao simbolismo: dar testemunho da verdade e ser, pelo bom perfume das boas obras, fermento de santidade no mundo. Como afirmou Paulo: "Somos, por Deus, o perfume de Cristo" (2Cor 2,15).

---

[1] Cf. BENTO XVI, *Compêndio do Catecismo da Igreja Católica*, nn. 1288-1289.

18 Luz

O fogo possui uma gama de significados, chegando a ser considerado pelos pensadores antigos como uma das matérias constitutivas de toda a natureza. Pelo fato de nos trazer, ao mesmo tempo, benefícios e danos – o fogo é fonte de iluminação e purificação, porém seu descontrole pode gerar grandes catástrofes –, é um elemento paradoxal e misterioso, podendo significar o Transcendente e os sentimentos humanos, sobretudo as paixões mais intensas. Há o costume arraigado de acender velas pelas almas dos defuntos ou por alguma intenção especial; a chama que arde sinaliza o pedido incessante diante do Altíssimo.

Correlata ao elemento fogo está a realidade da luz, que já no Gênesis aparece como primeira obra criada pelo poder de Deus, que é luz e no qual não há trevas: "Haja luz" (cf. Gn 1,3-4), disse o Senhor, mudando o *caos* em *cosmos* e permitindo ao ser humano, através da iluminação que possibilita o enxergar, o encontro, a comunicação e o conhecimento, a liberdade e o progresso, bem como o ingresso na verdade da realidade e na luminosidade do bem; enfim, a própria vida.

Quando falta a luz, tudo se torna confuso: é impossível distinguir o bem do mal, diferenciar a estrada que conduz à meta daquela que nos faz girar repetidamente em círculo, sem direção. A pessoa cega é aquela que não percebe a luz.

Sentido bíblico

Bem profetizou Isaías a respeito da chegada do Messias: "O povo que andava na escuridão viu uma grande luz, para os que habitavam as sombras da morte uma luz resplandeceu" (Is 9,1). Zacarias, o pai de João Batista, chamou Jesus de "a Aurora que vem do alto" (Lc 1,78). Ao ser apresentado no templo, quarenta dias depois do seu nascimento, Simeão, homem justo e piedoso, viu naquele menino o cumprimento das promessas de Israel; por isso, profetizou com ele nos braços: "meus olhos viram a tua salvação [...] luz para revelação às nações e para a glória de teu povo" (Lc 2,30.32). João Batista proclamou Jesus, o Verbo de Deus, como "luz verdadeira que ilumina todo homem que vem ao mundo" (Jo 1,9).

O reino das trevas é construído sobre mentiras, segredos e escuridão. Ele exige a ausência de luz para sobreviver. João evangelista identifica o embate entre as trevas e a luz com a proposta de Jesus e de seu Reino, e a recusa do mundo com suas idolatrias e falsidades.

Jesus disse de si mesmo: "Sou eu a luz do mundo. Quem me segue não caminha nas trevas, mas terá a luz da vida" (Jo 8,12). Ele é a nova coluna de fogo que guia os seus discípulos na verdade plena. Estar na luz significa estar na verdade que nos conduz diretamente à salvação.

O julgamento do mundo consiste nisto: "a luz veio ao mundo, mas os homens amaram mais as trevas que a luz, pois suas obras eram más. Pois todo aquele que pratica o mal odeia a luz e não vem para a luz, a fim de que suas ações não sejam descobertas" (Jo 3,19-20). "[Jesus] era a luz verdadeira que ilumina todo homem que vem ao mundo" (Jo 1,9.10).

Jesus associa o fato de crer nele como o Filho de Deus com a fé. Aqueles que o aceitam veem e os que o renegam estão cegos. A luz da fé é necessária para poder enxergar.

No milagre do cego de nascença (cf. Jo 9), a cegueira daquele homem era atribuída ao pecado cometido por ele ou por seus pais. Após ter sido curado, o que era cego reconheceu a divindade de Jesus. Jesus o encontrou e lhe disse: "'Crês no Filho do Homem?' Ele respondeu: 'E quem é, Senhor, para que eu creia nele?' Disse-lhe Jesus: 'Tu o vês. É aquele que fala contigo'. Ele afirmou: 'Creio, Senhor'. E prostrou-se diante dele" (Jo 9,35-38). Agora sim passou a enxergar.

Já os fariseus se negavam a reconhecer Jesus como Filho de Deus. Por isso, "disse Jesus: 'Para um julgamento eu vim a este mundo: para que aqueles que não veem vejam, e aqueles que veem tornem-se cegos'. Alguns dos fariseus que estavam com ele ouviram isso e lhe disseram: 'Acaso também nós somos cegos?' Disse-lhes Jesus: 'Se fôsseis cegos, não teríeis pecado. Agora, porém, como dizeis: Nós vemos, vosso pecado permanece'" (vv. 39-40).

O relato se encerra com uma nova maneira de vincular cegueira e pecado: não como castigo de Deus, mas como fechamento a Deus (v. 41). No final, é a cegueira espiritual que se manifesta no fechamento à ação de Deus em Jesus, que é expressão do pecado. "Eu vim ao mundo como luz, para que todo o que crê em mim não permaneça nas trevas" (Jo 12,46). No Evangelho segundo Mateus, são comuns as acusações de Jesus de que os fariseus são cegos: "E, quando um cego guia outro cego, ambos cairão num buraco" (Mt 15,14; cf. também 23,16.24.26).

O ver, graças à sua união com o ouvir, torna-se seguimento de Cristo, e a fé aparece como um caminho do olhar em que os olhos se habituam a ver em profundidade. E assim, na manhã de Páscoa, de João – que, ainda na escuridão perante o túmulo vazio, "viu e acreditou" (Jo 20,8) – passa-se a Maria Madalena – que já vê Jesus (cf. Jo 20,14) e quer retê-lo, mas é convidada a contemplá-lo no seu caminho para o Pai –, até à plena confissão da própria Madalena diante dos discípulos: "Vi o Senhor!" (Jo 20,18).

O prenúncio de sua ressurreição é narrado no episódio da transfiguração no monte Tabor, ali diante dos três apóstolos, "seu rosto ficou resplandecente como o sol, e suas vestes tornaram-se brancas como a luz" (Mt 17,2). É divino o brilho da santidade. Ao colocar-nos no seguimento de Jesus, alcançamos a vida plena e definitiva de ressuscitados, que se manifesta como luz.

De acordo com a parábola das virgens prudentes, a luz tem o sentido de vigilância para a chegada do noivo. Vigiai e orai.

Caminhamos para o final dos tempos, no qual "não haverá mais noite; não precisarão de luz de lâmpadas, nem de luz do sol, porque o Senhor Deus brilhará sobre eles, e reinarão pelos séculos dos séculos" (Ap 22,5).

Sentido litúrgico

Chama-se *Celebração da Luz* (*Lucernário*) ao rito com o qual se inicia a celebração da Vigília Pascal, constituído pela bênção do fogo novo, pela preparação, iluminação e entronização do círio pascal e a solene Proclamação da Páscoa (Precônio Pascal). Nesse primeiro momento da Vigília, o fogo e a luz são os sinais colocados em evidência pela sagrada liturgia, tendo em vista a intenção de, por meio deles, significar e tornar presente o mistério da Páscoa do Senhor e sua ação salvífica.

Com a igreja às escuras, entra a luz do fogo novo no círio, acompanhada da proclamação contundente: "A luz de Cristo"; igualmente os fiéis, portando a chama da luz pascal, são testemunhas de que a luz da ressurreição de Cristo vence a escuridão da morte.

Nas duas grandes noites santas: o Natal e a Páscoa, o simbolismo da luz se funde com o da noite. Em ambas as ocasiões, a Igreja representa simbolicamente a irrupção vitoriosa de Deus no mundo que não o quer acolher, mas que no fim não lhe pode negar um lugar.

O Batismo é chamado de "iluminação", pois nos concede a luz da fé para reconhecermos o Filho de Deus e a sua obra: "Eu vim ao mundo como luz, para que todo aquele que crê em mim não permaneça nas trevas" (Jo 12,46).

Rito da luz no Batismo: entrega-se a vela ao pai ou padrinho, e quem preside lhe apresenta o círio pascal, dizendo: "Recebe a luz de Cristo". Depois exorta o recém-iluminado por Cristo a caminhar ao encontro do Senhor como filho da luz. Pais e padrinhos o ajudarão nesse caminho.

Compromisso

O caráter de luz é próprio da fé. De fato, a luz da fé é capaz de iluminar toda a existência do ser humano. Para que uma luz seja tão poderosa, não pode dimanar de nós mesmos; tem de vir em última análise de Deus. A fé que recebemos de Deus como dom sobrenatural aparece-nos como luz para a estrada, orientando nossos passos no discernimento entre o bem e o mal, para nos apontar o caminho justo e legítimo: "Lâmpada para meus passos é tua palavra e luz no meu caminho" (Sl 119,105).

A prática das boas obras nos garante estar em comunhão com ele e, portanto, a andar na luz. "Se caminharmos na luz, como ele mesmo está na luz, estamos em comunhão uns com os outros, e o sangue de Jesus, o seu Filho, purifica-nos de todo pecado" (1Jo 1,7).

A luz do Mestre igualmente passa a pertencer aos discípulos: "Vós sois a luz do mundo [...]. Comece, assim, vossa luz a brilhar diante dos homens, para que, vendo vossas boas ações, glorifiquem vosso Pai, que está nos céus" (Mt 5,14-16). Os discípulos são chamados a estar na luz e, por isso mesmo, a praticar as obras que são próprias da luz.

A luz também se associa ao sentido de vigilância, como na parábola das dez virgens, das quais cinco trazem as lâmpadas acesas enquanto aguardam o noivo e entram com ele para o banquete. "Vigiai, portanto, pois não sabeis nem o dia nem a hora" (Mt 25,13).

E durante a Iniciação à Vida Cristã, será muito recomendável renovar as promessas de viver os compromissos batismais, utilizando-se do rito da luz e da água. Assim, como sucede na Vigília Pascal, após o rito do Batismo e da Confirmação, toda a assembleia, de pé e com as velas acesas, renova as promessas do Batismo.

19 Partir o pão

Um gesto tão simples como tomar um pão, parti-lo e distribuí-lo guarda um segredo muito grande, um autêntico mistério. Esse gesto pode ser recriado de muitas formas. Na catequese, o essencial será guardar o sentido que Jesus quis que ele tivesse. O catequista pode reunir os catequizandos ao redor de uma mesa, preparada com toalha, flores, vela, um pão grande e único, vinho ou suco de uva, criar um ambiente de ceia e preparar uma vivência a partir da reflexão abaixo.

O pão é o alimento comum de nosso dia a dia, que satisfaz a fome e, por isso, torna-se causa e símbolo da alegria, da convivência, da fraternidade e da própria vida. O pão representa as necessidades básicas do ser humano; assim, tratamos do pão da casa própria, do transporte público...

Nos Evangelhos, o pão ocupa lugar importante e aparece em diferentes momentos da vida de Jesus. Recordamos, por exemplo, as tentações no deserto, quando o demônio pede para Jesus transformar as pedras em pães, bem como o milagre da multiplicação dos pães e, de modo especial, o pão da última ceia.

Jesus se identificou com o pão, pois ele é essencial para nossa vida, como único bem necessário. "Eu sou o pão da vida!", disse Jesus e se entregou à humanidade como alimento. "'Não foi Moisés quem vos deu o pão do céu, mas é meu Pai é quem vos dá o verdadeiro pão do céu [...]'. Disseram-lhe, então: 'Senhor, dá-nos sempre deste pão!' Disse-lhes Jesus: 'Sou eu o pão da vida. Quem vem a mim não terá mais fome e quem crê em mim nunca mais terá sede'" (Jo 6,32-35).

Jesus nos ensinou a rezar pedindo sempre o pão. Santo Agostinho reconhece o tríplice significado do "pão" na Oração do Senhor. Para ele, o pão tem um sentido literal que aponta para as necessidades materiais, mas também indica a Eucaristia e a Palavra de Deus.

Partilhar o pão na ceia

Durante a ceia eucarística, partir o pão significa partilhar o corpo, a vida do Mestre doada como alimento e vida do mundo. "Eis o meu corpo, tomai e comei...". Também manifesta o valor e a importância do sinal da *unidade* de todos formando um só corpo, como os grãos de trigo formando um só pão; e da *caridade fraterna pelo fato de um único pão ser repartido entre os irmãos*. "O pão que partimos não é comunhão do corpo de Cristo? Porque, sendo um pão, somos um corpo, embora muitos, pois todos participamos de um só pão" (1Cor 10,16b-17).

No começo do cristianismo, por si só o gesto da *fração do pão* conferia o nome a toda a celebração eucarística: "Eles eram perseverantes no ensinamento dos apóstolos, na comunidade de vida, na fração do pão e nas orações" (At 2,42).

No mais antigo relato do Novo Testamento sobre a Eucaristia (cf. 1Cor 11,17-34), Paulo critica a atitude daqueles cristãos que se reúnem para a Eucaristia e não querem partilhar. No início do cristianismo, a celebração eucarística era precedida de uma ceia comum. Acontecia que os primeiros a chegar (os ricos, que eram livres) começavam logo a comer e beber "sua própria ceia", em vez de esperar os pobres para partilhá-la. Os pobres acabavam chegando depois do fim da jornada de trabalho, ou quem sabe iam mais tarde porque, envergonhados, não tinham muita coisa para partilhar.

Os primeiros a comer se alegravam e alguns até se embriagavam. Portanto, há uma situação evidente de falta de fraternidade. Além de não esperar os outros, também não os fazem participantes do que é seu: "enquanto um passa fome, o outro se embriaga" (v. 21).

Paulo argumenta que uma reunião assim é exatamente o contrário daquilo que Cristo pensou, quando nos encarregou de celebrar a Eucaristia. O pecado está na ceia prévia que se dá sem o compartilhamento dos alimentos; isso é um pecado contra os irmãos: "Menosprezais a igreja de Deus e envergonhais os que nada têm?" (v. 22).

Em seguida, como critério de discernimento, Paulo narra a instituição da Eucaristia que costumeiramente se rezava nas celebrações das comunidades. Estabelece a íntima relação do corpo eucarístico do Senhor com o corpo eclesial formado pelos fiéis que participam da ceia. Esse argumento também estará presente em todo o contexto de Primeira Carta aos Coríntios 11,17-34. Ele é a cabeça e nós somos os membros do seu corpo. Por isso, Paulo pode denunciar que, discriminando os irmãos pobres, falta-se contra o próprio Cristo, tornando-se réus de seu corpo e de seu sangue. "Pois quem come e bebe, sem discernir o corpo, come e bebe sua própria condenação" (v. 29).

A primeira comunidade cristã observou radicalmente o dever de partilhar: "Multidão dos que acreditaram era um só coração e uma só alma e ninguém dizia que era seu aquilo que possuía, mas tudo era comum entre eles" (At 4,32). Quem come o pão que o Senhor parte, isto é, seu corpo e sangue, compromete-se a repartir o seu pão, a sua vida. Quanto mais agir assim, mais se direcionará rumo à realização do sacramento.

Sociedade nova

A fração do pão irmana a quantos dela participam, o que implica superar as divisões de uma família ou comunidade, tendo em vista a comunhão no único pão.

Igualmente, o fato de tomar parte no mesmo pão supõe a prática da caridade e da justiça nas relações. Esse ensinamento, ao ser projetado mais amplamente, gera uma sociedade mais igualitária e fraterna, bem longe do escândalo de toda exclusão. Que dizer: da corrupção política, dos desvios de verbas públicas, das obras superfaturadas... O que significa celebrar a Eucaristia nessas situações?

> As nossas comunidades, quando celebram a Eucaristia, devem conscientizar-se cada vez mais de que o sacrifício de Jesus é por todos; e, assim, a Eucaristia impele todo o que acredita nele a fazer-se "pão repartido" para os outros e, consequentemente, a empenhar-se por um mundo mais justo e fraterno. Como sucedeu na multiplicação dos pães e dos peixes, temos de reconhecer que Cristo continua, ainda hoje, exortando os seus discípulos a empenharem-se pessoalmente: "Dai-lhes vós de comer" (Mt 14,16). Na verdade, a vocação de cada um de nós consiste em ser, unido a Jesus, pão repartido para a vida do mundo.[1]

Quando rezamos o Pai-Nosso, pedimos o pão nosso. Talvez Mateus queira nos dizer que só podemos chamar a Deus de "Pai nosso" quando o pão também for partilhado entre todos. O complemento seguinte: "de cada dia dai-nos hoje" nos compromete e nos convida à solidariedade com os irmãos que passam dificuldades e muitas carências. Essa oração nos convoca a incrementar o processo de conversão, pois para o "pão" ser "nosso" precisamos transformar as estruturas injustas da sociedade.

---

[1] BENTO XVI. *Exortação Apostólica Pós-Sinodal "Sacramentum Caritatis"*: sobre a Eucaristia, fonte e ápice da vida e da missão da Igreja. São Paulo: Paulinas, 2007, n. 88.

"Sabemos que se desperdiça aproximadamente um terço dos alimentos produzidos, e a comida que se desperdiça é como se fosse roubada da mesa do pobre."[2]

Ao pedir o pão de cada dia sem nada acumular, manifestamos nossa adesão à lógica do Reino de Deus, tão diferente do reino deste mundo, marcado pela ganância e pelo egoísmo. Quem reza pedindo o pão de cada dia é o coração pobre. Não se trata de um pedido humilhante, mas de uma atitude filial de confiança no Pai.

Na pessoa de Jesus Cristo se cumpre a nova realidade do Reino. Esse Reino estabelece uma nova ordem de relações que privilegia o mais fraco, o pobre, o doente, e se realiza em ações concretas de solidariedade, justiça e bem comum. Promover o bem comum significa exercer nossa missão de cristãos no mundo, tornando visível o projeto de Deus para a humanidade, para o qual todos somos irmãos, filhos de um mesmo Pai.

Ao longo da história, a Igreja busca atender ou ao menos amenizar o sofrimento de tantas pessoas que padecem a fome material e espiritual, nas quais enxergamos a presença do próprio Cristo: "Pois tive fome e me destes de comer, tive sede e me destes de beber..." (Mt 25,34-36). Trata-se dos "pães" que nos sustentam na incansável luta pela justiça, mas também da Palavra e da Eucaristia, onde o Senhor se faz pão para nos alimentar.

---

[2] FRANCISCO. *Carta Encíclica "Laudato Si'"*: sobre o cuidado da casa comum. São Paulo: Paulinas, 2015, n. 50.

20 Dar graças

Seguindo o modelo das orações judaicas, a *oração eucarística* foi inspirada nas grandes orações judaicas e tem o caráter de bênção e de ação de graças ao Pai pela maravilha de sua criação e, principalmente, por tê-la levado à perfeição com a redenção que Cristo protagonizou com sua morte e ressurreição. Damos graças porque o Pai nos santifica com o seu Espírito, conduzindo-nos de volta a ele. O sentido desta oração é que toda a assembleia se una com Cristo na proclamação das maravilhas de Deus e na oferta do sacrifício.

Na aclamação do *Santo,* a Igreja, unindo sua voz à dos anjos, convoca toda a natureza para louvar o Pai. A presença de Cristo no pão e no vinho suscita: "Um processo de transformação da realidade, cujo termo último é a transfiguração do mundo inteiro, até chegar àquela condição em que Deus seja tudo em todos".[1]

A oração eucarística nos educa para ter sentimentos e atitudes de louvor e de reconhecimento da gratuidade do Pai, que nos cumulou de tantos dons: a vida, a natureza, os rios, o mar. Tudo vem dele, é dom de sua providência que nos cuida e protege. Amou-nos tanto que nos enviou o seu Filho único para nos salvar.

No início do prefácio, o sacerdote diz: "Demos graças ao Senhor, nosso Deus" e respondemos: "É nosso dever e salvação". O ministro prossegue: "Na verdade, é justo e necessário, é nosso dever e salvação *dar-vos graças, sempre e em todo lugar*". Essa é a postura que cabe ao cristão: "Em tudo dai graças" (1Ts 5,18).

Nossa ação de graças chega ao seu ápice quando rememoramos a entrega de Jesus no seu Corpo e no seu Sangue sob a forma do pão e do vinho. O sacrifício salvador de Cristo é a razão maior de nossa ação de graças, do qual participamos pela força do Espírito Santo.

Cada Eucaristia que celebramos acelera a vinda do Reino, por isso dizemos: "Anunciamos tua morte e ressurreição. Vem, Senhor Jesus!".

---

[1] BENTO XVI, *Sacramentum Caritatis*, n. 11.

Nas intercessões da prece eucarística, a Igreja une-se aos seus membros que já se encontram com o Pai, nossos irmãos falecidos, e invoca a Virgem Maria, os apóstolos e os santos que nos precedem na glória.

No gesto *Por Cristo, com Cristo e em Cristo*..., a Igreja – corpo de Cristo –, formada por nós, os batizados, é associada ao sacrifício de Cristo e sela solenemente com o *Amém* o nosso sim à oferta de Cristo ao Pai.

Educar-se para agradecer

No círculo familiar, de amizades e de trabalho, há a necessidade de nos reeducarmos para essa virtude, de reconhecer as pessoas que nos fazem o bem, de cultivar a memória de seus gestos generosos e de expressar, sem temor e com palavras e gestos, nossa alegria e gratidão.

Se, primeiramente, formos capazes desse reconhecimento, será muito mais fácil dar o passo seguinte de tomar consciência da gratuidade do amor de Deus em nossa existência. A beleza da criação – a luz do dia, a árvore florida, a inocência da criança, o milagre da vida –, como também os gestos de bondade, as grandes realizações da inteligência humana, constituem dádivas divinas para a humanidade. O dom da vida a nós oferecido nos faz assumir a humilde postura de quem acolhe esse dom sem merecimento.

Habitualmente, vamos nos acostumar a dizer "muito obrigado" e "graças a Deus" como fruto da atitude interior de humildade que supera nossa autossuficiência e nos devolve o sentido de comunidade e de necessidade do outro. Antes de qualquer coisa, a postura que cabe ao cristão é agradecer a Deus que nos criou, nos redimiu e, hoje, nos conduz. Todo bem e toda fartura vêm do Pai. O mal é fruto do pecado, não provém dele, nem é de sua vontade.

21 Dar e pedir perdão

1º passo: sentido cotidiano

Individualmente, somos capazes de construir ou destruir projetos, unir ou separar pessoas, proteger ou violentar... Nosso coração pode abrigar sentimentos bons ou contrários. Pecamos todas as vezes que prejudicamos nosso irmão.

Pedir perdão é um gesto de humildade e de reconhecimento de que não somos autossuficientes. Não é sinônimo de fraqueza, mas de realismo que nasce de nossa condição humana limitada e frágil. Portanto, é sinal de inteligência ter presente que nem sempre acertamos e falhamos, e que isso é próprio de todos.

O mal social é resultante da opção pessoal pelo pecado que deliberamos no íntimo do coração e que assume proporções inimagináveis, como os milhões de dinheiro desviados pela corrupção política à custa dos recursos da educação, da moradia; ou, pior ainda, como a destruição das guerras ou a violência do crime organizado.

2º passo: sentido bíblico

Nossos primeiros pais, Adão e Eva, foram tentados, quiseram ser como o Criador e, assim, romperam o diálogo e a harmonia com Deus, sendo afastados dele. Deixaram-se enganar pela voz tentadora da serpente ao prometer-lhes que, se desobedecessem a Deus, seriam como ele: "Sereis como Deus, conhecedores do bem e do mal" (Gn 3,5). Dessa forma, eles ultrapassariam a condição de criaturas e se igualariam a Deus. É o pecado do orgulho e o da vaidade que os levam à competição com Deus, recusando-se a se submeter a ele, que quer somente nosso bem.

Essa condição de pecadores permanece conosco até hoje. Como o pecado é fruto do orgulho humano contra Deus, ele permanece dentro de nós; por isso, trazemos em nosso coração duas vontades: do bem e do mal. O pecado degrada o ser humano, destrói a semelhança da criatura com o Criador e ofende as criaturas, a natureza e os humanos.

O Filho de Deus, feito homem, habitou entre nós para nos livrar da servidão do pecado e chamar a humanidade das trevas à sua luz admirável. Cristo é a imagem perfeita do Pai. Sua missão neste mundo reconcilia o ser humano com o Pai, pois venceu a maldade do pecado com seu sangue derramado na cruz. A pessoa de Jesus constitui o lugar do encontro da misericórdia, do perdão e da justificação de todo ser humano.

As imagens mais ternas de Jesus destacam sua misericórdia e amor pelos pecadores, sempre reconhecendo sua capacidade de mudança, de optar pelo bem, pela verdade, e se conduzir por uma vida reta, sem prejudicar ninguém.

Jesus curava paralíticos, cegos, leprosos e endemoninhados tidos como pecadores públicos, para manifestar seu poder de perdoar pecados. Jesus perdoou a pecadora arrependida (cf. Jo 8,2-11), comeu com os pecadores e se comparou ao bom pastor, que deixa as noventa e nove ovelhas protegidas e sai em busca da que se perdeu (cf. Lc 15,1-7). Também absolveu o pecador: "Teus pecados estão perdoados!", com a condição da conversão: "Vá e não peques mais". Comumente dizemos: Jesus ama o pecador e detesta o pecado.

Jesus exalta a atitude daqueles que reconhecem o próprio erro e pedem perdão; por isso os considera justificados. Assim acontece na parábola do fariseu e do publicano, que estavam rezando no templo. Este último, "mantendo-se a distância, nem sequer se atrevia a levantar os olhos para o céu; mas batia no peito, dizendo: 'Deus, tem piedade de mim, que sou pecador!'" (Lc 18,13). Sucede quase o mesmo com a mulher pecadora, que, em atitude de humilde arrependimento, banha os pés de Jesus com as lágrimas e unge-os com perfume (cf. Lc 7,44-47a). Não é diferente com o rico Zaqueu, pois Jesus vai à sua casa, este o recebe, reconhece seus erros e se converte (cf. Lc 19,1-10). Na parábola do pai misericordioso, Jesus ressalta a conversão do filho mais novo, que, depois de esbanjar a própria herança, se dá conta de seu erro, retorna e diz: "Pai, pequei contra o céu e contra ti. Já não sou digno de ser chamado teu filho" (Lc 15,21). Na cruz, igual reconhecimento se dá com o bom ladrão: "Jesus, lembra-te de mim quando chegares a teu reino" (Lc 23,42).

Se pedimos perdão porque ofendemos, é natural que também perdoemos os que nos ofendem. Assim, rezamos como Jesus nos ensinou: "Perdoa nossos pecados, pois também nós perdoamos a todo aquele que nos deve" (Lc 11,4). Pedir perdão a Deus e à comunidade dos irmãos corresponde à solicitação do maior mandamento da lei de Deus: "Amarás o Senhor teu Deus de todo o teu coração e [...] amarás teu próximo como a ti mesmo" (Mc 12,30-31).

3º passo: sentido litúrgico

A liturgia estimula muito as celebrações da penitência em suas variadas formas, inclusive aquelas sem a confissão pessoal ou absolvição geral. Tais celebrações podem ser presididas por ministros leigos e têm sempre a finalidade de suscitar a conversão. Normalmente, contemplam a proclamação da Palavra, um gesto penitencial e orações de súplica e ação de graças pelo perdão divino.

As celebrações litúrgicas dos sacramentos e sacramentais contemplam, nos ritos iniciais logo após a saudação da assembleia, um *ato penitencial*, com uns minutos de silêncio, as três repetições do "Senhor, tende piedade" e uma oração de absolvição dos pecados.

No rito de entrada da missa, depois da saudação e da primeira exortação, "o sacerdote convida ao ato penitencial, que, após breve pausa de silêncio, é realizado por toda a assembleia através de uma fórmula de confissão geral e concluído pela absolvição do sacerdote".[1] A comunidade, já antes de escutar a primeira leitura, pede a Deus que a purifique, que lhe dê força, e invoca Cristo, seu Senhor, pedindo-lhe a sua ajuda. Também para escutar, com proveito, a Palavra de Deus – a "primeira mesa" para a qual o Senhor nos convida –, necessitamos de um coração purificado. Começamos a celebração com atitude de humildade, de pobreza, conscientes da nossa debilidade e, ao mesmo tempo, com confiança em Deus.

No mesmo ato penitencial, quando se reza o "confesso a Deus Todo-Poderoso..." e no final da oração, dizemos: "por minha culpa, tão grande culpa...", bate-se duas vezes no peito, em reconhecimento da responsabilidade pessoal de ter cometido pecado.

---

[1] INSTRUÇÃO GERAL SOBRE O MISSAL ROMANO, n. 51.

Na Quarta-feira de Cinzas, realiza-se o gesto simbólico da imposição das cinzas na cabeça, fruto da cremação das palmas do ano anterior. Esse gesto após a homilia da missa recorda o veredito sobre nossa frágil condição humana, dito aos nossos primeiros pais ao serem expulsos do paraíso: "Tu és pó e ao pó hás de voltar" (Gn 3,19).

O tempo da Quaresma é momento propício para pedir perdão, fazer penitência e praticar a caridade. O ciclo das leituras da missa e da liturgia das horas traça um itinerário de reconciliação e de mudança de atitudes para aquele que revisa sua vida e quer seguir o caminho do Evangelho.

Outros gestos também indicam humildade e perdão: *impor as mãos, ficar de joelhos e prostrar-se*, isto é, quando o ministro se deita no chão no início da celebração da paixão do Senhor na Sexta-feira Santa, ou então quando o ordenando se prostra durante a ladainha dos santos, na missa de sua ordenação.

4º passo: compromisso cristão

Nós, cristãos, embora sejamos sempre tentados pela malícia e pelo mal, vivemos em constante atitude de conversão e de penitência, buscando assumir o projeto de Jesus em todas as nossas ações. Optar pelo Reino é uma atitude fundamental de vida.

Procuremos ser os primeiros a pedir desculpas ou perdão de nossos erros e falhas; ser compreensivos com os erros alheios, pois "com a medida que medirdes sereis medidos" (Lc 6,38). Alarguemos nossa consciência sobre o bem comum e jamais vamos admitir o favoritismo e a corrupção, ou votar em políticos que andam por esses caminhos.

A atitude cristã de respeito nos leva a valorizar o outro, nunca a buscá-lo somente como objeto de prazer. Procuremos estabelecer relações consequentes, que nos responsabilizem pelo outro e nos levem a crescer no amor, na entrega, no carinho e no respeito.

De nossa parte, a constante atitude de rever nossas atitudes, de refletir sobre elas, impele-nos ao crescimento de nosso ser como pessoas construtivas e corajosas para enfrentar os desafios, sem medo de corrigir a rota do caminho.

De fato, ao rezar a Oração do Senhor, manifestamos a consciência de nossas fraquezas e a necessidade do perdão dos irmãos. Se em Cristo já fomos perdoados e salvos, permanece a necessidade de nos renovarmos no perdão aos irmãos. Essa atitude humilde de pedir e oferecer perdão confirma nossa adesão à pessoa de Jesus, que nos orienta: "Se estiveres apresentando tua oferta no altar e ali recordares que teu irmão tem algo contra ti, deixa ali tua oferta, diante do altar, e vai primeiro reconciliar-te com teu irmão; depois volta e apresenta tua oferta" (Mt 5,23-24).

Jesus insistirá com os seus discípulos que o perdão não tem limites. Não se trata de perdoar algumas vezes, conforme propôs Pedro, mas de multiplicar até "setenta vezes sete", como parcelas de uma dívida paga por um coração que ama sem medidas. Segundo o costume da época, a pessoa deveria pedir perdão até três vezes. Perdoar é renunciar a toda possibilidade de vingança e de alternativas que contradizem o Evangelho de Jesus. Na prática, trata-se de um processo que certamente levará um tempo breve ou mais longo para superar os sentimentos negativos e assimilar as situações que nos afastam da proposta de Jesus e de seu Reino.

A corrupção de nossa classe política põe a nu exatamente esse pecado. O fato se desencadeia quando a pessoa pública delibera sobre algo considerando a propina que vai receber e não o bem da sociedade. Como isso é revoltante! Em menor escala, se não cuidarmos também de tais atitudes, podemos assumi-las.

A consciência sobre o pecado é um ato muito humano e, se bem conduzida, nos liberta do egoísmo, da hipocrisia e nos faz reconhecer o outro como irmão(ã) e o mundo como nossa casa a qual devemos proteger.

22 Ano Litúrgico

Todos os domingos vamos à missa para celebrar algum mistério relacionado à vida de Cristo. Cada vez é proclamado um Evangelho diferente junto com algumas leituras. Uma hora há flores no presbitério (onde fica o presbítero, o padre), outras vezes não. Às vezes se canta com entusiasmo e repetidamente o *Aleluia*, às vezes a celebração transcorre com moderação, sem muita alegria. As celebrações se diferenciam porque as cores mudam: em um domingo usa-se o vermelho, por certo tempo usa-se o roxo ou o branco, ou então o verde. Quais são os motivos disso?

Assim como a sociedade se organiza em torno do ano civil, a Igreja vive em função do ano litúrgico. Enquanto o ano civil começa no dia 1º de janeiro e termina no dia 31 de dezembro, o Ano Litúrgico começa com o primeiro domingo do Advento e termina com a solenidade de Nosso Senhor Jesus Cristo, Rei do Universo. No percurso do ano litúrgico, vivemos as grandes etapas da História da Salvação: a promessa de um Salvador, a preparação de sua vinda, a encarnação e a vida pública de Jesus, sua paixão, morte e ressurreição, sua volta ao Pai, o envio do Espírito Santo e a peregrinação do povo de Deus rumo à Pátria eterna. Mais do que recordar fatos do passado, fazemos "memória" deles, isto é, vivemos esses fatos hoje sob nova forma, com um novo espírito, abertos à ação da graça divina.

Na Igreja, celebramos a Páscoa durante o ano inteiro, pois ela é o mistério central da nossa salvação. Ao celebrá-la, fazemos memória dos acontecimentos salvadores que Jesus realizou junto com o seu povo. Para recordar esses fatos, a Igreja usa uma linguagem própria: leitura da Bíblia variada, cores diferentes, uso ou não de flores, alegria, moderação.

A Igreja, ao longo do ano, celebra os mistérios da vida de Jesus e da Virgem Maria, a qual viveu a vontade do Pai como fiel discípula de seu Filho. Celebra também o mistério da graça que os santos encarnaram, dando-nos o grande exemplo de serem testemunhas do Evangelho.

O Ano Litúrgico contribui para reproduzir em nós a vida de Cristo, cumpre com a necessidade de incorporar os fiéis ao mistério da salvação, reproduzindo neles a imagem do Filho de Deus feito homem (cf. Rm 8,29; 1Cor 15,49). "Através do ciclo anual a Igreja comemora todo o mistério de Cristo, da encarnação ao dia de Pentecostes e à espera da vinda do Senhor."[1]

Ao celebrar os acontecimentos protagonizados por Cristo (sua transfiguração, curas, ensinamentos, encontros com a samaritana ou Nicodemos, sua paixão, morte e ressurreição), a Igreja faz memória deles e torna-nos seus contemporâneos. Vale o que refletimos nos capítulos iniciais.

É importante perceber que esse tempo da Igreja, chamado Ano Litúrgico, não coincide com o início e o fim do ano civil. Este segue o ciclo do sol, por isso, as datas são fixas. Já o calendário litúrgico, que tem como centro e cume a celebração anual da Páscoa, segue o ciclo lunar e, portanto, é móvel. O Ano Litúrgico está marcado pelos dois grandes ciclos da Páscoa e do Natal e pelas trinta e quatro semanas do Tempo Comum.

É muito importante habituar o catequizando a valorizar as leituras da missa que explicitam o mistério dessa celebração. Cada tempo litúrgico tem um ciclo próprio de leituras que foi estrategicamente preparado nos novos lecionários. Constitui uma riqueza inestimável. Aqui se aplica o que foi anteriormente estudado sobre a atualidade do memorial que é a manifestação da graça daquele acontecimento de salvação proclamado nas leituras.

O valor pedagógico do Ano Litúrgico é inestimável. Suas celebrações nos educam para reviver os mistérios de Cristo durante o ano inteiro. A cada ano, somos diferentes, passamos por uma nova etapa de amadurecimento e de compreensão de nossa existência. As celebrações fundem os acontecimentos do nosso tempo presente com a graça transbordante do Evangelho.

Abre-se a tarefa para o catequista de tornar próximas e familiares as comemorações do Ano Litúrgico, explorar sua beleza e apontar sua eficácia transformadora. Claro que, primeiramente, o próprio catequista faz a experiência de integrar tais celebrações em sua vida de fé; por isso, valoriza e distingue os tempos litúrgicos e suas comemorações, bem como fundamenta o mistério celebrado na leitura atenta e cuidadosa dos textos bíblicos próprios.

---

[1] PAULO VI, *Normas universais do Ano Litúrgico e Calendário*, n. 17.

Durante o planejamento, é preciso haver o cuidadoso trabalho do catequista de integrar o Ano Litúrgico no itinerário de catequese de seu grupo, principalmente o ciclo pascal e também as celebrações de passagem. Deve, então, prestar atenção quando coincidir o tema refletido com as leituras das missas dominicais daquele período, como também ressaltar o mistério do Senhor realizado nos símbolos (da água, pão, luz...) apresentados nessas leituras.

Sempre que possível, será muito útil refletir e rezar as três leituras, preparando o grupo para participar da missa dominical.

Ciclo pascal

Nesse período comemora-se a Quaresma, o tríduo pascal e o tempo da Páscoa (50 dias), quando se contempla os mistérios de nossa redenção do pecado que conduziram Jesus ao calvário, como também os mistérios que envolvem a sua glória, envio do Espírito Santo e início da Igreja nascente pela ação dos apóstolos.

Contemplam-se quarenta dias de preparação para a Páscoa, chamados *Quaresma*. O caminho quaresmal começa com o gesto de penitência da imposição das cinzas na Quarta-Feira de Cinzas e termina com o início do Tríduo Pascal na noite da Quinta-Feira Santa, com a celebração da missa da Ceia do Senhor.

O sentido do tempo litúrgico da Quaresma está concentrado na penitência como mortificação pessoal e alimento da vida espiritual em três dimensões: *o jejum, a oração e a esmola* (cf. Mt 6,1-6.16-18). Respectivamente, são três movimentos de crescimento e purificação em relação a si mesmo, a Deus e ao próximo. O jejum é o querer abster-se de alimentos para a descoberta do alimento espiritual da Palavra de Deus e do Pão da Vida; só é possível se estiver vinculado à oração. A esmola requer a atitude de abertura para acolher a necessidade do outro, tendo como referência a entrega total e generosa do Senhor na cruz.

Durante o período quaresmal, o espaço de celebração deve apresentar-se bastante despojado nos seus sinais externos e nos diversos adornos. Dessa maneira, a Igreja expressa o caráter penitencial desse tempo, que busca chamar a atenção para as coisas interiores, procurando concentrar o olhar dos fiéis sobre o mais importante. Portanto, cada cristão é convidado a despojar-se de tudo aquilo que não é essencial na sua vida para abraçar de todo o coração a Jesus pobre e obediente, bem como seu projeto de vida doada a favor dos irmãos.

À singeleza do espaço celebrativo, deve também se adequar o canto e a música litúrgica durante as celebrações de toda a Quaresma. Assim, tanto as melodias como a forma de executá-las precisam corresponder à sóbria espiritualidade do presente tempo litúrgico. No mais, a própria liturgia da missa deve conduzir os participantes a uma grande interioridade, sendo necessário cuidar que, em especial, as pausas e os tempos de silêncio expressem e favoreçam a meditação dos mistérios cultuados.

Na Quaresma somos convidados a dedicar mais tempo à oração e à leitura-escuta da Palavra de Deus, que muito nos ajudarão a ir descobrindo o projeto do Senhor a nosso favor. A tudo isso, não podemos deixar de unir também as relevantes e necessárias visitas aos idosos, doentes, encarcerados e abandonados de nossa cidade, que tanto necessitam de apoio e solidariedade. Tais visitas, de grande sentido para a vida do discípulo que deseja seguir de perto o seu Mestre, devem ser intensificadas nesse tempo para demonstrar nossa solidariedade amorosa para com os que mais sofrem.

A catequese de Iniciação à Vida Cristã está centralizada na celebração da Páscoa; portanto, as celebrações que ocorrem durante o ciclo pascal são da maior relevância. A razão dessa centralidade consiste no próprio objetivo da IVC: configurar a pessoa como membro do corpo de Cristo para viver a Páscoa de Cristo: morrer para o pecado e viver a vida nova das bem-aventuranças.

No primeiro domingo da Quaresma, os catecúmenos considerados maduros para aproximar-se dos *sacramentos da iniciação* se inscrevem a fim de receber os sacramentos na Vigília Pascal daquele ano. Chama-se "eleição", porque a admissão, feita pela Igreja, se baseia na eleição de Deus, em cujo nome ela se realiza; chama-se também "inscrição dos nomes", pois os nomes dos futuros batizados são inscritos no *livro dos eleitos*.

No 3º, 4º e 5º domingos, utilizando as leituras do ciclo A, acontecem os escrutínios – orações libertadoras, purificadoras – sobre os eleitos. Os eleitos vão conhecendo gradualmente o mistério do pecado, do qual todo o universo e cada homem em particular anseiam redimir-se e ver-se livre de suas consequências atuais e futuras.

O Tríduo Pascal resplandece como o ápice de todo o Ano Litúrgico. Os três dias da paixão, morte e ressurreição do Senhor são o ponto culminante, o eixo gravitacional em torno do qual gira todo o ano litúrgico. Começa na Quinta-feira Santa, com a missa vespertina da Ceia do Senhor, que contempla o gesto do lava-pés.

Jesus, seguindo o costume de seus irmãos judeus, celebrava todos os anos a Páscoa em memória dos acontecimentos do Êxodo. Às vésperas de ser entregue e condenado à morte, Jesus celebrou a Páscoa com um sentido próprio, a partir de sua morte na cruz. Sua morte é Páscoa: mostra a intervenção do Pai que salva a humanidade pelo amor de seu Filho; amor este levado às últimas consequências. "Deus amou o mundo: a ponto de dar o Unigênito, a fim de que todo aquele que nele crer não pereça, mas tenha a vida eterna" (Jo 3,16). Antecipadamente, ele celebrou em forma de ceia pascal o que iria acontecer no calvário no dia seguinte.

Ao celebrar pela última vez a Páscoa judaica com seus apóstolos, Jesus institui o memorial de sua Páscoa (paixão, morte e ressurreição): a Eucaristia como o sacramento por excelência, que expressa o significado de sua entrega como cumprimento do projeto do Reino de Deus. Na última ceia há uma antecipação celebrativa, sacramental, do sacrifício de expiação do pecado, que acontece na cruz. Essa é a celebração sacramental nova, memorial do novo êxodo pascal de Cristo.

O gesto de lavar os pés, o sacrifício da cruz e o sacramento memorial desse sacrifício têm em comum o serviço humilde de amor e entrega pela humanidade. Ele se doa inteiramente. "Se eu, senhor e mestre, vos lavei os pés, também vós deveis lavar os pés uns aos outros. Eu vos dei um exemplo para que, como eu vos fiz, também vós façais" (Jo 13,14-15). Assim, o Reino de Cristo só pode ser recebido e instaurado com o serviço de amor. E a entrega da sua vida na cruz será o cume dessa entrega, da sua vida colocada a serviço da humanidade. Assim, os três elementos se orientam mutuamente; isso é Eucaristia.

A Sexta-feira da Paixão é dia de jejum, de abstinência de carne e de participação no sofrimento de Jesus. Para o cristão, trata-se de tempo de amorosa contemplação da entrega de Cristo em proveito da nossa salvação. É momento importantíssimo na vida do discípulo, que se sente convocado a estar ao lado de seu Mestre, solidário em sua dor e compadecido em sua paixão, mas na esperançosa confiança de sua iminente ressurreição.

Os quatro evangelistas coincidem em conferir sentido pascal à morte de Jesus na cruz. Para os evangelistas Mateus, Lucas e Marcos, Jesus celebrou a ceia pascal e depois foi crucificado. Porém, o evangelista João identifica a morte de Jesus com a preparação dessa ceia. Faz coincidir sua morte com a véspera dessa ceia, quando eram sacrificados os cordeiros para serem comidos na ceia. Por isso, essa celebração da Paixão acontece às três horas da tarde. Tal como o cordeiro sacrificado, Jesus é o novo Cordeiro, cujo sangue derramado nos redime e tira o pecado do mundo.

A Vigília Pascal, "mãe de todas as santas vigílias", é celebrada no Sábado Santo. A celebração começa com a bênção do fogo novo fora da igreja, com o qual se acende o círio pascal. Cristo é a luz que a todos ilumina com a força de sua ressurreição. Iluminados por Cristo, também nós, seus discípulos, fulguramos de esplendor nessa noite de seu triunfo. O ato de acender o círio e, em seguida, as demais velas simboliza a nova vida que brota da ressurreição e que, através de nosso testemunho, vai se espalhando em todas as partes. O rito da luz nos enche de alegria e de fé, enquanto cria no meio da comunidade reunida a certeza de que somos peregrinos, mas não estamos sós, porque é o Senhor quem nos conduz através desta vida em direção ao céu.

Propõem-se sete leituras do Antigo Testamento, que recordam as maravilhas de Deus na história da salvação, e duas do Novo Testamento, a saber, a leitura da Carta aos Romanos sobre o Batismo cristão, como sacramento da Ressurreição de Cristo, e o anúncio da Ressurreição no Evangelho segundo João.

Nessa Vigília é preparada a água batismal, pois celebramos a iniciação cristã dos adultos nessa noite. É cantada a ladainha de todos os santos. Depois, os eleitos adultos são batizados e confirmados. Também os fiéis renovam seus compromissos batismais e são aspergidos com água. A fonte batismal, túmulo do pecado e ventre materno de onde nasce a vida, conforme a chamavam os Santos Padres da Igreja, é para os que abraçam Cristo, lugar de morte e de ressurreição. Por isso mesmo, a fonte é apelidada de sepulcro e mãe. A graça do Batismo, porém, não brota simplesmente da água como elemento material, mas é dada pelo Espírito Santo que a santifica. Por isso se pede que o poder do Espírito desça sobre a água, no sentido de que os "batizados nela, sepultados com Cristo na morte, com ele ressurjam para a vida imortal".

Em seguida, chega-se à liturgia eucarística, ápice de toda a Vigília. O altar é preparado. Os adultos que foram batizados apresentam as oferendas, as quais incluem também cada um de nós que, com o Cristo Ressuscitado, nos oferecemos solenemente ao Pai. Também eles recebem a Eucaristia pela primeira vez. A nova Páscoa é eucarística. Essa noite é por excelência a noite do sacramento pascal, o ponto mais alto do inteiro culto da Igreja, do qual o cristão jamais deveria estar ausente.

A Noite Pascal inaugurou a Páscoa, que agora se estende durante sete semanas de vivência intensiva e que deverá ser vivida como uma unidade, *como um grande domingo*; é tempo de alegria e exultação. Tampouco a Ascensão, celebrada no Brasil no 7º domingo da Páscoa, deverá dividir esse grande domingo. O dia de Pentecostes não será uma festa à parte, mas sua plenitude e cumprimento.

No início de seus trabalhos, os apóstolos tinham a preocupação principal de afirmar a ressurreição do Senhor. Eles procuravam destacar que aquele a quem seguiam estava vivo, porque havia morrido, sim, mas ressuscitara. Isso se nota claramente nos dez discursos de Pedro e de Paulo no livro dos Atos dos Apóstolos – discursos chamados "querigmáticos" (querigma: primeiro anúncio; apresentação das verdades fundamentais do cristianismo).

O tempo pascal centraliza a IVC, pois a configuração do fiel na Páscoa de Cristo constitui sua meta. Este é o tempo próprio para se avançar na IVC por idades, cumprindo as etapas de Primeira Comunhão e Crisma de jovens.

Ciclo do Natal

Acolher o menino-Deus implica receber a salvação da qual é portador. Ele traz a novidade de uma vida plena, um jeito novo de viver e de se relacionar com as pessoas e o mundo. A liturgia do Advento é um cântico contínuo de *esperança*. Cria-se a alegre expectativa de sua chegada para cumprir as promessas de um mundo transformado pela justiça e pela fraternidade.

Esse tempo de preparação e expectativa é chamado de Advento (chegada), formado por quatro semanas. As duas primeiras recordam a segunda vinda de Cristo em sua grandeza e majestade, e as duas mais próximas do Natal, a sua primeira vinda à fragilidade da carne humana, do menino envolto em panos.

O tempo do Natal se estende da comemoração da Vigília do Natal até a comemoração do Batismo do Senhor. Comemora o nascimento do Senhor e suas primeiras manifestações públicas.

A transformação que a Igreja contempla no mistério do Natal é o fato de Deus possibilitar à humanidade participar da vida divina por meio da filiação adotiva que Jesus nos concedeu: "Deus enviou seu Filho, nascido de mulher [...] para que recebêssemos a adoção como filhos" (Gl 4,4). A salvação entra definitivamente em nossa história através do menino que nasceu em Belém e que se revela ao ser visto pelos pastores e pelos magos e ao ser batizado, por João Batista, nas águas do Jordão.

Tempo Comum

São 33 ou 34 semanas em que evocamos o mistério de Cristo em sua plenitude: o que Cristo fez e disse para nossa salvação, sua pregação e os sinais, sua morte e ressurreição.

Durante o Tempo Comum são celebradas quatro solenidades: Santíssima Trindade, Corpo e Sangue de Cristo, Sagrado Coração de Jesus e Cristo Rei do Universo, que encerra o Tempo Comum, aprofundando a realeza de Cristo e a realidade plena da vida eterna.

A cor litúrgica é o verde, que simboliza a esperança. Dia após dia, o cristão converte-se e conscientiza-se de seus deveres através da participação autêntica nas celebrações dominicais.

A Virgem Maria e os Santos

A comemoração anual inclui as principais celebrações da Virgem Maria, como a Santa Maria Mãe de Deus, Assunção, N. S. Aparecida, Imaculada Conceição, porque a mãe de Jesus é a primeira discípula. Foi exemplar em sua adesão ao plano de Deus, pois acolheu com seu "sim" a vontade de Deus em sua vida e acompanhou Jesus em sua vida pública, procurando compreender o mistério de Deus que se revelava nele. Foi fiel até a cruz e depois animou a comunidade apostólica a esperar o dom de Deus.

A catequese mariana nos conduz a Jesus. Todos os acontecimentos que envolvem a Mãe de Deus levam ao seguimento de Jesus. Na catequese de IVC, Maria Santíssima é exemplo de como perseverar no caminho da fé e modelo de obediência a Deus, de ouvinte da Palavra e de fidelidade até a cruz.

A comemoração dos Santos aproxima o Evangelho de Jesus à prática por pessoas limitadas, mas com uma vivência extraordinária de fé. Os Santos do Novo Testamento ajudam a entender melhor o Evangelho: São João Batista, São Pedro, São Paulo, Santa Marta... Principalmente, encontramos nos mártires aqueles que amaram a fé acima da própria vida. Outros tiveram significado profundo na vida de um povo em determinada época. Por isso, é importante fazer memória, por exemplo, de Santa Dulce dos Pobres, São José de Anchieta, Dom Oscar Romero e do padroeiro da paróquia.

23 Domingo

O ritmo semanal é marcado pelo domingo.

> No primeiro dia de cada semana, que é chamado dia do Senhor ou domingo, a Igreja, por uma tradição que vem dos apóstolos e que tem origem no próprio dia da Ressurreição de Cristo, celebra o mistério pascal. Por isso, o domingo deve ser tido como o principal dia de festa.[1]

Depois de trabalharmos a semana inteira, ou de irmos cinco ou seis dias à escola, é justo descansarmos. O domingo se tornou, apenas, um dia de folga, ou uma pausa no estudo ou no trabalho. Mas será que o domingo é somente isso? Em uma sociedade de consumo, o tempo se alterna entre trabalho e lazer, ganhar e gastar dinheiro. Na verdade, somos mais que máquinas de consumo. O tempo não se pode reduzir ao que dá prazer ou é necessário para satisfazer desejos momentâneos. Visto dessa forma, o domingo se vê transformado pelo individualismo e correria da sociedade moderna e perde seu significado principal e seus vínculos comunitários.

Decidir-se a participar da missa dominical é um exercício de quem entende que a vida precisa encontrar sua fonte e culminância em Cristo, que se expressa fundamentalmente na celebração eucarística. Significa romper definitivamente com a prisão do cotidiano e nos aceitarmos como seres transcendentes e espirituais, acima do conforto da vida moderna.

A dimensão celebrativa reforça os laços de luta e de resistência de uma comunidade; se essa dimensão não for levada a sério, a vida cairá na indiferença do individualismo e da subjetividade exasperada.

O reconhecimento da obra divina

A Bíblia nos ensina que Deus criou o mundo por sua Palavra e, "no sétimo dia, concluiu toda a obra que tinha feito [...]. Deus abençoou o

---

[1] PAULO VI, *Normas universais do Ano Litúrgico e Calendário*, n. 4.

sétimo dia, o santificou e repousou de toda a obra que fizera" (Gn 2,2-3). Por isso, até hoje os judeus celebram o repouso do sábado.

Como o ser humano se perdeu pelos caminhos do pecado, Deus nos enviou seu Filho para nos salvar. A obra da criação não ficou presa nas teias do pecado, do ódio e da violência, pois Jesus atraiu para si todas as coisas. O seu sangue derramado na cruz redimiu a humanidade. Na madrugada depois do sábado, Cristo ressuscitou, ou seja, em um oitavo dia a criação foi redimida e chegou à sua plenitude. Agora tudo é novo (cf. 2Cor 5,17).

"*No primeiro dia da semana*, Maria Madalena foi ao sepulcro bem cedo, quando ainda estava escuro, e viu a pedra retirada do sepulcro" (Jo 20,1; Mc 16,9). Depois de avisar Pedro e João de que o túmulo estava vazio, voltou e permaneceu do lado de fora do sepulcro. João diz que o Ressuscitado apareceu a ela, que o confundiu com um jardineiro: "Senhor, se foste tu que o levaste, dize-me onde o puseste, e irei pegá-lo" (Jo 20,15b). É a intenção velada do evangelista de mostrar que o Calvário é o novo lugar do jardim do paraíso, ou seja, ali teve início a nova criação.

As aparições do Ressuscitado acontecem no domingo. "Chegando a tarde daquele dia, *o primeiro da semana*, e estando as portas trancadas do lugar onde estavam os discípulos..." (Jo 20,19). Tomé duvida desse encontro e, por isso, "oito dias depois, os discípulos estavam novamente reunidos ali dentro, e Tomé estava com eles [...], veio Jesus, colocou-se de pé no meio deles..." (v. 26).

Esses versículos nos mostram como bem prontamente todo o significado do sábado foi transferido para o domingo, centrado na realidade da Páscoa (passagem) do Senhor. Domingo, palavra que vem do latim *dominus*, significa "Senhor". O livro do Apocalipse chamará de "dia do Senhor" (Ap 1,10).

A insistência do evangelista em mostrar a presença do Ressuscitado junto à comunidade explica a prática já consolidada da Igreja nascente de se reunir no domingo para celebrar a Eucaristia. Os cristãos "eram perseverantes no ensinamento dos apóstolos, na comunidade de vida, *na fração do pão* e nas orações" (At 2,42). Nessa época, o gesto de fracionar o pão era tão importante que designava toda a Eucaristia.

O catecismo do primeiro século, chamado *Didaqué*, já confirma esse costume dos cristãos: "Reúnam-se no dia do Senhor para partir o pão e agradecer, depois de ter confessado os pecados, para que o sacrifício de vocês seja puro" (XIV,1).

A celebração eucarística dominical é nossa Páscoa semanal. A morte e ressurreição de Jesus continuam crescendo e desenvolvendo-se em e por nós, sempre com a presença misteriosa do Senhor, sobretudo no domingo. Cada domingo é ao mesmo tempo memória da Páscoa inicial e profecia da futura.[2]

Dessa forma, a Páscoa será progressivamente assumida em nossa vida. Em cada celebração, nossa resposta de fé será cada vez mais verdadeira, pois aprendemos a oferecer nossa vida, doação e serviço aos irmãos, como oferta de louvor em cumprimento do nosso Batismo, até chegarmos à Páscoa final, quando veremos Deus face a face.

A Eucaristia aponta questionamentos que ressituam o cristão no mundo. O sacramento oferece novos significados e valores, que fazem a comunidade posicionar-se diferentemente diante de si e da sociedade, suscitando um testemunho sempre mais evangélico. Os desafios de hoje encontram novas luzes no memorial do sacrifício do Senhor.

O que significa viver segundo o domingo?

> O domingo é o dia em que o cristão reencontra a forma eucarística própria de sua existência, segundo a qual é chamado a viver constantemente: "viver segundo o domingo" significa viver consciente da libertação trazida por Cristo e realizar a própria existência como oferta de si mesmo a Deus, para que sua vitória se manifeste plenamente a todos os homens através de uma conduta intimamente renovada.
>
> No início do século IV, quando o culto cristão era ainda proibido pelas autoridades imperiais, alguns cristãos do Norte da África, que se sentiam obrigados a celebrar o dia do Senhor, desafiaram essa proibição. Acabaram sendo martirizados enquanto declaravam que não lhes era possível viver sem a Eucaristia, alimento do Senhor: "Sem o domingo, não podemos viver". Esses mártires de Abitina, juntamente com muitos outros santos, fizeram da Eucaristia o centro de sua vida, intercedem por nós e nos ensinam a fidelidade ao encontro com Cristo ressuscitado![3]

Sendo assim, valorize o domingo como dia de encontro com o Senhor. Mais que ressaltar a obrigação do preceito dominical, conscientize-se sobre sua importância e necessidade para nutrir a vida cristã. Além

---

[2] Cf. ALDAZÁBAL, José. Domingo, dia do Senhor. In: BOROBIO, Dionisio (org.). *A celebração na Igreja*. São Paulo: Loyola, 1990. v. 3, pp. 67-91, aqui p. 81.

[3] BENTO XVI, *Sacramentum Caritatis*, nn. 72.95.

disso, estabeleça quais são as dificuldades que o grupo tem de participar da missa ou celebração dominical e, paralelamente, trace os ganhos de centralizar a Eucaristia como eixo de todos os compromissos da semana. Ao redor do domingo gira toda a vida comunitária de fé, a alegria e a esperança próprias de quem espera no Senhor.

24 Mistagogia do espaço litúrgico

Quando aos domingos me levanto, preparo-me e vou à igreja de minha comunidade, está se dando um grande fato: sem me dar conta, aos poucos, minha vida vai sendo tecida, sou ajudado a passar por este mundo e, aqui e agora, no lugar da minha igreja, percebo que pertenço a um grande povo.

Muitas vezes, ao passar e avistar esses edifícios diferentes, vem-me à lembrança esse grande acontecimento: vivo na terra, mas sou cidadão do céu. De onde?

Se não fossem esses lugares, como me lembraria e me alegraria com o fato de que minha vida é maior que os dramas imediatos que me sufocam?

As paredes desse lugar, silenciosamente, falam, gritam a verdade da vida, dão sentido à vida; aí sou acolhido, orientado a recomeçar e renascer sem me desesperar perante os apelos do mundo. De fato, esse é o lugar da antecipação do Paraíso prometido.

Esse é o lugar onde celebramos o Mistério Pascal, isto é, a Nova Aliança de Deus conosco. Nele, Jesus mesmo nos convida e nos congrega como irmãos, filhos do mesmo e único Pai. Não só nos reunimos como Assembleia, como também como elementos do Corpo Místico de Cristo. Com os irmãos, sou parte de um único povo, de uma Nova Humanidade, e a harmonia do lugar, o silêncio, o jeito da construção, o comportamento, a postura dos cristãos revelam ali ser esse o lugar do encontro com o Senhor Jesus e com toda a multidão que nos precedeu na fé. Só ali experimento a paz que o mundo não pode dar.

A igreja, espaço onde nos reunimos, é a extensão da celebração, do Mistério Pascal que acontece na ação litúrgica, sinal da presença viva e visível do Ressuscitado e de seu Espírito entre nós.

O infinito é atingido pelo finito, ou seja, em uma pequena capela (espaço sagrado), fazemos já experiência da plenitude, somos acolhidos na família de Deus. O espaço sagrado não é uma sala qualquer, pois ali as paredes, os materiais, os sons, a postura das pessoas, tudo nos revela o Deus encarnado, Jesus Cristo, homem e Deus. Assim, espaço mistagógico é aquele que nos conduz, nos introduz no Mistério, em Deus, centro de nossas vidas, a fim de sermos *um* com ele.

O centro de nossa fé e o centro que visualizamos no espaço da celebração litúrgica são um só: Jesus Cristo. Portanto, o espaço-igreja leva todos os irmãos a uma convergência: filhos do mesmo Pai, em comunhão, Corpo Místico de Cristo, Igreja Esposa.

Casa da Igreja

Eis os elementos que compõem o espaço litúrgico:

- *Fonte batismal:* essa é a água que sai do lado ferido do Cristo, verdadeiro Templo, que nos purifica e fortalece nesta vida de "peregrinos". Nessa fonte, nós, os eleitos, somos banhados nas águas do Cristo, nascemos para a vida nova como partícipes da Nova Humanidade, somos ungidos com o santo óleo, recebendo a realeza do "sacerdócio real".

  Ao mergulharmos a mão na água batismal e nos persignar com o sinal da cruz, recordamos o nosso Batismo, a nossa profissão de fé e a grandeza do nome "cristão" que recebemos nessa fonte.

- *Nave:* é o lugar da assembleia reunida, dos verdadeiros protagonistas de toda ação nesse espaço. Lugar dos batizados que receberam o Sacerdócio Real e formam o Corpo Místico. Assim, não é um lugar qualquer, mas igualmente sacramental; lugar onde me percebo parte do maravilhoso corpo de Cristo, pois, com nossos irmãos, nos identificamos com a mesma fé, louvor, atenção e partilha. Caminhando passo a passo na nave, sou convidado à conversão, porque todo o espaço converge para o centro de meu ser, o Cristo.

  Nesse lugar, o céu e a terra trocam seus dons e a assembleia presente é maior do que visualizamos. Aí estamos nós, a Igreja Peregrina e, também, a Igreja gloriosa. Ao mesmo tempo acontece a "liturgia terrestre" e a "liturgia celeste".

- *Presbitério:* palavra grega que significa "lugar dos anciãos", isto é, daqueles que cuidam de nos transmitir a sabedoria do Senhor. Esse é o centro litúrgico e da vida, a base de orientação e razão do edifício celebrativo. O eixo (*axis*) de toda ação é Cristo; fisicamente, o altar e o ambão são as únicas expressões de um só e mesmo Mistério Pascal, a Eucaristia.

  O lugar mais importante de todo espaço celebrativo é amplo (nada apinhado) para a ação litúrgica, que é rica de gestos e movimentos nobres. Compreende o altar, o ambão, a sédia, a cruz processional, que, por sua importância, devem ser sólidos e fixos. Por exemplo: quando o altar é de pedra, também ambão e sédia o serão do mesmo material. A forma e o material dessas peças revelam a grandeza do Mistério que aí se dá: são testemunhas silenciosas da presença do Invisível no meio de nós. A postura do presidente, dos ministros e dos fiéis, com suas vestes, tom de voz etc., denunciam a verdade e a beleza do culto cristão. Esse espaço é de reverência e adoração pela presença do Senhor.

- *Altar:* centro de todo o edifício, o altar é o lugar do Sagrado Sacrifício, onde é selada a Nova Aliança. *O altar é Cristo.* Aí a Palavra torna-se carne para a vida da Igreja e de cada cristão. Cinco cruzes de consagração correspondem às cinco chagas do Ressuscitado presente entre nós. O altar será, preferencialmente, de pedra maciça (rocha) por sua simbologia. O altar é "a pedra angular do edifício de pedras vivas", que somos nós.

  O altar é o centro e o coração do Corpo Místico. É o lugar do Mistério Pascal. É ele que dá razão ao espaço celebrativo. O que nele se passa sacraliza tudo e todos que o envolvem.

- *Ambão:* lugar alto de onde nos vem o "sopro da Palavra", lugar do anúncio, da proclamação da *Palavra que é Cristo*. Sempre é do mesmo material do altar e com ele forma uma unidade: duas dimensões do mesmo Mistério Pascal.

  Um só é o ambão, pois uma só é a Palavra. É o lugar do mais importante anúncio cristão: ressuscitou! Aí o diácono canta o *exultet* na noite de Páscoa. Aí o Evangelho e a Sagrada Escritura são proclamados. Aí o salmista canta o Salmo responsorial. Aí a homilia indica-nos a Parusia e o Juízo Final... Não deve ser usado para avisos ou outros interesses.

- *Sédia:* com o altar e o ambão, forma um só sacramental e, portanto, é da mesma matéria que os dois primeiros. *É o lugar daquele que preside na pessoa de Cristo.* Lugar do magistério, do "ensino" da Palavra, do sacerdote ministerial, que aí é o embaixador do Cristo.
- *Cruz:* é o símbolo máximo de nossa redenção. Com esse sinal fomos assinalados no Batismo; com ele nos persignamos e com essa marca entraremos no Paraíso.

Na igreja, a cruz ocupa lugar de destaque no santuário, indicando o Mistério da Redenção que aí se renova a cada celebração. Junto ao altar, ela pode ser processional ou estar pendurada. Sinal de vitória, a cruz é a imagem sacrifical que nos conduz à plenitude da Páscoa.

Como cruz processional, precede todas as procissões, pois é o próprio Senhor que vai à frente do rebanho, tomando a iniciativa nas ações comunitárias. A cruz no presbitério é o *axis* (o eixo) que nos orienta (com os olhos da alma e da fé); o "bronze" que nos cura (Moisés com a serpente de bronze no deserto); a Árvore da Vida, pois o Novo Adão abriu-nos o Paraíso.

25 Salmos na catequese

Nossa vida é tecida pelas relações que estabelecemos com amigos, familiares, namorado(a)... Alternamos entre estar sós e conviver rodeados de pessoas, particularmente as que amamos e nos ajudam a crescer. Esse contato proporciona o diálogo e colabora para sairmos de nossa forma própria de pensar e enxergar outros caminhos e novas possibilidades que antes não víamos com clareza.

No plano espiritual, acontece a mesma coisa. Pelo Batismo, somos filhos de Deus e membros do corpo de Cristo, a sua Igreja. Daí vêm a necessidade e o conforto de poder dirigir em Cristo nossa prece ao Pai, na força do Espírito Santo. *É imprescindível exercer nossa relação filial com o Pai*, em uma conversa amorosa, atenta e providente.

Por ser humano, Jesus crescia em idade, sabedoria e graça (cf. Lc 2,52). No diálogo cordial que mantinha com o Pai, aprendeu a conhecer sua vontade e sua missão entre os seus e até mesmo o mistério que envolvia sua pessoa de ser homem e Deus ao mesmo tempo. Os Evangelhos apresentam Jesus orando: quando o Pai revela sua missão (cf. Lc 3,21-22), antes de chamar os apóstolos (cf. Lc 6,12), ao bendizer a Deus na multiplicação dos pães (cf. Jo 6,11), ao se transfigurar no monte (cf. Lc 9,28-29), quando cura o surdo-mudo (cf. Mc 7,34) e ressuscita Lázaro (cf. Jo 11,41s), antes de solicitar a confissão de Pedro (cf. Lc 9,18), ao abençoar as crianças (cf. Mt 19,13) e quando roga por Pedro (cf. Lc 22,32).

"Sua atividade cotidiana está muito ligada à oração. Mais ainda, como que brotava dela, retirando-se ao deserto e ao monte para orar, levantando-se muito cedo ou permanecendo até a quarta vigília e passando a noite em oração a Deus."[1]

Jesus participou das orações que eram comuns no judaísmo de sua época e ensinou seus discípulos a orar. Máximo exemplo percebemos no Horto das Oliveiras, antes de sua paixão: "De joelhos, começou a orar.

---

[1] INSTRUÇÃO GERAL SOBRE O MISSAL ROMANO, n. 4.

'Pai, se quiseres, afasta de mim este cálice; porém, que não seja feita a minha vontade, mas a tua!' Apareceu-lhe um anjo, vindo do céu, que o reconfortava. Angustiado, orava com maior intensidade, e seu suor tornou-se como grandes gotas de sangue, que caíram no chão" (Lc 22,41b-44).

Aprendemos com Jesus que, se quisermos conhecer os caminhos de Deus, devemos "orar sempre e sem desanimar" (Lc 18,1; 21,36), e o apóstolo Paulo repete: "Constantemente orai" (1Ts 5,17), isto é, rezar com insistência e convicção de que o Senhor age em nosso favor, mesmo quando as coisas não acontecem do jeito que queremos. Devemos ter força na reza, assim como conclui o personagem sertanejo de Guimarães Rosa: "Você sabe que, quando a gente reza, reza, reza, mesmo no fogo do medo, o medo então vai s'embora, se a gente rezar sem esbarrar?".

Já que somos fracos e precisamos de força para viver, o escritor se dá conta de que a oração revela nossa sanidade juntamente com o amor e a coragem: "Tu não acha que todo mundo é doido? Que um só deixa de doido ser é em horas de sentir a completa coragem ou o amor? Ou em horas em que consegue rezar?".

A busca de uma realização humana mais plena põe a nu nossas incapacidades, já que somos rodeados de limites por todos os lados. Queremos ser felizes de fato! Por isso lutamos contra a doença, a falta de dinheiro, a depressão, a falta de amor... Precisamos de uma força maior que nos impulsione a superar nossa fraqueza. A oração cheia de fé nos posiciona no caminho de Deus, nos fazendo encontrar o princípio e a força da vida nele.

O que são os Salmos?

Jesus, os apóstolos e os primeiros cristãos frequentaram a oração do templo (At 3,1-11) e observaram a prática judaica de rezar em horas determinadas do dia. A santificação do dia inteiro acontece com o ritmo das orações da manhã e da tarde, marcadas com a oração dos Salmos, a mais legítima expressão orante encontrada na Bíblia e utilizada tantas vezes por Jesus.

Temos na Bíblia o Livro dos Salmos, numerados de 1 a 150. Essas orações foram escritas aos poucos e refletem a experiência que Israel fez de Deus ao longo de sua história durante o exílio, com o sofrimento, a doença, a aparente vitória do ímpio... Por isso, o salmista ousa erguer sua voz de súplica, lamento, intercessão e arrependimento. Ao mesmo tempo, a oração dos Salmos reconhece a ação salvífica e misericordiosa de Deus, e por isso transborda em louvor, ação de graças pela maravilha da criação e do reconhecimento de seu braço forte e de sua mão estendida contra os inimigos do povo de Deus.

Cada um dos Salmos reza uma situação particular vivida pelo orante. Às vezes, é um doente que implora cura, ou então alguém que efusivamente agradece ou pede perdão por seus pecados.

Para encontrarmos o sentido pleno dos Salmos, olhamos para Cristo, o Filho único do Pai, que com seu sacrifício na cruz realizou todas as promessas e é capaz de apresentar nossos louvores e súplicas ao Pai e de cumprir os anseios das pessoas de todos os tempos.

"Tudo o que foi dito nos Salmos deve ser entendido de tal modo que, seja qual for a pessoa pela qual o espírito da profecia fale, esta se refere ao conhecimento da vinda de Jesus Cristo, sua encarnação, sua paixão e seu reinado, e ao poder e à glória de nossa ressurreição."[2]

Ele, quando esteve entre nós, rezou os Salmos e várias vezes os citou em sua pregação com um sentido novo. Na cruz: "Meu Deus, meu Deus, por que me abandonaste?" (Sl 22,2; Mt 27,46); quando expulsou os vendilhões do templo: "Pois o zelo de tua Casa que me devora" (Sl 69,10; Jo 2,17). Jesus orou ao Pai por meio dos Salmos.

Uma boa maneira de rezar os Salmos é colocar Jesus Cristo no "eu" do Salmo, ou seja, identificar o salmista com Jesus, que diz a oração ao Pai. Por exemplo, o Salmo 69,2.22 diz: "Salva-me, ó Deus, pois a água sobe até o meu pescoço. Quando tive sede deram-me vinagre". Neste ponto, podemos nos recordar de Jesus na cruz, quando, ao gritar que tinha sede, lhe deram uma esponja embebida com vinagre (cf. Jo 19,28-30).

O segundo caminho para cristificar os Salmos é colocar Cristo no "tu" do Salmo. Por exemplo, no Salmo 2, meditado também na Sexta-feira Santa, podemos ver Cristo como seu grande personagem: "Os reis da terra se insurgem e os poderosos fazem aliança contra o Senhor e contra seu Ungido" (v. 2) e "Tu és o meu Filho, eu hoje te gerei!" (v. 7); ou então o Salmo 7: "Tu que sondas mente e coração, ó Deus justo" (v. 10).

---

[2] HILÁRIO DE POITIERS. *Comentários aos Salmos*. Introdução, n. 6.

Alguns Salmos estão escritos na primeira pessoa, "eu", pois se dirigem diretamente ao Senhor. Na maioria das vezes, o orante é um personagem coletivo, ou seja, é o próprio povo que reza e agradece em reconhecimento à maravilhosa ação de Deus no destino de sua história, particularmente nos acontecimentos da Páscoa, quando Deus salvou o povo da escravidão do Faraó. Nessas orações, o povo manifesta, sobretudo, sua plena adesão ao Senhor e confiança nele, o qual nunca o abandonou, pois ele, o Deus fiel, fez uma aliança para sempre: "Serei o vosso Deus e vós sereis o meu povo!" (Lv 26,12).

A oração sálmica educa nossa maneira de orar. É comum a oração bíblica começar pelo *louvor* ou *ação de graças a Deus* por sua ação bendita em favor do seu povo ou de uma pessoa, ao reconhecer o universo de graça e bondade divinas que rodeiam o ser humano. Outro movimento nasce da constatação da fragilidade, pequenez humana, e daí advém o *pedido de perdão ou de súplica*: "Senhor, piedade!". Depois, a oração costuma apresentar o seu real *pedido em favor do orante ou do povo*.

Oração da Igreja

A Igreja encontrou uma forma própria de rezar os Salmos, intercalados com leitura bíblica, hinos, preces e antífonas; é a chamada "salmodia", que varia de acordo com a hora e o dia da semana. Essa oração chama-se Liturgia das Horas ou oração do Ofício Divino. A tradição da Igreja consagra ao Senhor todo o curso do dia e da noite para a santificação do dia e de toda a atividade humana. As horas mais importantes são a da manhã, chamada *laudes*, e a da tarde, *vésperas*.

No Brasil, temos o *Ofício Divino das Comunidades*,[3] uma versão popular da Liturgia das Horas. Trata-se de uma referência de oração comunitária que une as riquezas da antiga tradição da Igreja e as experiências de fé de nossas comunidades, em diálogo com a piedade popular. "É proposta de oração eclesial e popular, bíblica e litúrgica que ajuda a unir fé em Deus e vida cotidiana, escuta e prece. Responde também à busca atual de interioridade e de mística."[4]

---

[3] OFÍCIO DIVINO DAS COMUNIDADES. São Paulo: Paulus, 1994.
[4] Cf. CARPANEDO, Penha. Uma introdução. In: *Ofício Divino das Comunidades*. São Paulo: Paulus, 1994. p. 9.

Para salmodiar

1. Evitar adaptações poéticas ou paráfrases; preferir o texto bíblico do Salmo.
2. Procurar repetir ou cantar em forma de refrão meditativo os versículos que mais chamam a atenção.
3. Perceber os sentimentos do salmista e assumi-los como próprios.

Os Salmos na catequese

Iniciar os catequizandos na oração dos Salmos é uma grande tarefa, também estendida à catequese. Essa oração nos educa: a considerar a primazia da ação de Deus em nossa vida; a colocar nossos pedidos em segundo lugar; a rezar em comunidade, a não nos fecharmos em nossas necessidades; a louvar e agradecer antes de pedir perdão e suplicar pelas necessidades.

Assim, aprendemos a pedir não somente por nossas necessidades individuais, mas por todos os irmãos, e reconhecemos a ação de Deus sobre a Igreja inteira, que caminha na história conduzida pelo Senhor. Por todos esses motivos, os Salmos ganham precedência em nossa forma de orar e são muito indicados para a oração em grupo.

Na catequese, comecemos pelos Salmos mais conhecidos ou, então, façamos como na liturgia da missa dominical, quando o Salmo meditado com um responso é um eco do tema abordado na primeira leitura. Assim, fica fácil compreendê-lo.

Conclusão

Procuramos ser consequentes com o método catecumenal de unir as três dimensões do mistério de fé: anúncio pela catequese, celebração litúrgica e vivência. Sempre é o único mistério anunciado, celebrado, para ser vivido.

O caráter de iniciação no mistério supõe a transformação progressiva ao longo do caminho catequético, que culmina na recepção da graça sacramental. Diante disso, deixam de existir as fronteiras entre anúncio e celebração, porque é o mesmo movimento da Palavra uma vez proclamada, rezada e unida a um símbolo que deverá nortear a vivência do cristão.

Reafirmo a necessidade do catequista, que pretende ser fiel à inspiração catecumenal, de se apropriar das categorias básicas da teologia litúrgica para perceber como a Palavra se ritualiza ao se unir a um símbolo. Em primeiro lugar, impõe-se a diferença na concepção do tempo linear ascendente da história da salvação, seguida na catequese com o tempo litúrgico, que une tridimensionalmente o passado, o presente e o futuro na celebração memorial. Essa percepção aguçará o catequista a ser mais ágil na compreensão do mistério, na ação do Espírito Santo e na capacidade de o símbolo ser o elemento unificador dos três tempos.

A compreensão da liturgia como exercício sacerdotal de Cristo, enquanto sacrifício, oferenda de sua vida à humanidade, se ligará diretamente ao Batismo, à Crisma e à Eucaristia. O catequizando se torna sujeito da celebração, pois foi, definitivamente, enxertado em Cristo e lhe cabe realizar a Páscoa com Cristo por meio da oferta de sua vida unida à do Senhor ao longo de sua existência. A participação na mesa eucarística se torna o cumprimento existencial do Batismo, assegurando a participação litúrgica como realização do culto em espírito e em verdade.

Em torno do conceito de participação litúrgica, há que aprofundar a real dimensão do culto litúrgico, com suas categorias próprias: assembleia e os quatro verbos da liturgia eucarística: tomar, dar graças, partir e dar.

A educação litúrgica comporá o itinerário de catequese independentemente da idade do catequizando; há a necessidade de interiorizar as vivências com os símbolos; gestos e atitudes externas refletirão o interior do discípulo. Mesmo com uma catequese possivelmente presencial, mesclada com encontros *on-line*, é preciso desenvolver uma nova relação com símbolos banalizados pelo consumismo e pelas relações superficiais entre as pessoas. Os símbolos constituintes de nossa humanidade – água, luz, pão, sopro – sempre revelarão o mistério do transcendente e desafiarão nossa capacidade de experienciá-los.

Creio, firmemente, que a liturgia não impede o sadio percurso catequético; ao contrário, ela fortalece cada passo do processo, pois cumpre a Palavra ao uni-la ao símbolo. O itinerário será ainda mais rico ao incluir as celebrações previstas pelo *Ritual de Iniciação Cristã de Adultos*.

Referências bibliográficas

Rituais

A MESA DA PALAVRA: elenco das leituras da missa. Comentários de José Aldazábal. São Paulo: Paulus, 2007.

INSTRUÇÃO GERAL SOBRE O MISSAL ROMANO. 3. ed. São Paulo: Paulinas, 2007.

OFÍCIO DIVINO DAS COMUNIDADES. São Paulo: Paulus, 1994.

RITUAL DO BATISMO DE CRIANÇAS. São Paulo: Paulus, 1999.

Documentos

BENTO XVI. *Compêndio do Catecismo da Igreja Católica*. São Paulo: Loyola, 2014.

_____. *Exortação apostólica pós-sinodal "Sacramentum Caritatis"*: sobre a Eucaristia, fonte e ápice da vida e da missão da Igreja. São Paulo: Paulinas, 2007.

CELAM. *Documento de Aparecida*: texto conclusivo da V Conferência Geral do Episcopado Latino-Americano e do Caribe. São Paulo: Paulus/Paulinas, 2007.

CNBB. *Animação da vida litúrgica no Brasil*. São Paulo: Paulinas, 1989. (Documentos da CNBB, n. 43).

_____. *Diretório nacional da catequese*. São Paulo: Paulinas, 2006. (Documentos da CNBB, n. 84).

_____. *Iniciação à vida cristã*: itinerário para formar discípulos missionários. Brasília: Edições CNBB, 2017. (Documentos da CNBB, n. 107).

CONCÍLIO VATICANO II. Constituição *Sacrosanctum Concilium*: sobre a sagrada liturgia. Petrópolis: Vozes, 2013.

CONGREGAÇÃO PARA O CULTO DIVINO. Diretório para missas com crianças. In: ALDAZÁBAL, José. *Celebrar a Eucaristia com crianças*. São Paulo: Paulinas, 2008.

_____. *Ritual da Confirmação*. São Paulo: Paulus, 1998.

FRANCISCO. *Carta Encíclica Laudato Si'*: sobre o cuidado da casa comum. São Paulo: Paulinas, 2015.

JOÃO PAULO II. *Ecclesia de Eucharistia*: carta encíclica sobre a Eucaristia. São Paulo: Paulinas, 2003.

PAULO VI. *Normas universais do Ano Litúrgico e Calendário*, 1969, n. 17. Disponível em: https://fdocumentos.tips/document/normas-universais-sobre-o-ano-liturgico-e-calendario.html. Acesso em: 10 jan. 2021.

_____. *Mysterium fidei*: carta encíclica sobre o culto da sagrada Eucaristia. São Paulo: Paulinas, 2003.

PONTIFÍCIO CONSELHO PARA A PROMOÇÃO DA NOVA EVANGELIZAÇÃO. *Diretório para a catequese*. São Paulo: Paulinas, 2020.

Estudos

AGOSTINHO. *A instrução dos catecúmenos*, 4, 8. Petrópolis: Vozes, 1984. (Fontes da Catequese, n. 7).

ALDAZÁBAL, José. Domingo, dia do Senhor. In: BOROBIO, Dionisio (org.). *A celebração na Igreja*. São Paulo: Loyola, 1990.

BOROBIO, Dionisio (org.). *A celebração na Igreja*. São Paulo: Loyola, 1990. v. 3.

CARPANEDO, Penha. Uma introdução. In: *Ofício Divino das Comunidades*. São Paulo: Paulus, 1994.

HILÁRIO DE POITIERS. *Comentários aos Salmos*. Introdução, n. 6.

LATORRE, Jordi. *Modelos bíblicos de oração*: herança do Antigo Testamento na liturgia. São Paulo: Paulinas, 2011.

NUCAP. *Mistagogia*: do visível ao invisível. São Paulo: Paulinas, 2013.

Rua Dona Inácia Uchoa, 62
04110-020 – São Paulo – SP (Brasil)
Tel.: (11) 2125-3500
http://www.paulinas.com.br – editora@paulinas.com.br
Telemarketing e SAC: 0800-7010081